心と現実

世界をつなぐプロジェクションの認知科学

鈴木宏招
川合

GS
幻冬舎新書
722

はじめに――川合伸幸

イェール大学で二十年以上開講されている屈指の人気講義「死」では、学生に次のような問いが与えられる。

あなたの親しい友人を一人思い浮かべてほしい。彼が突然死んだとしよう。当然、悲しいはずだ。では、その友人は生きているが、突然、宇宙の果てまで探索に行くことになり、もう二度と会うことも連絡することもできなくなった場合はどうだろう。あなたは悲しく感じるだろうか？ それは、友人が亡くなった場合とどう違うだろうか？

私も、大学の講義で同じことを学生に聞くと、誰もが「宇宙旅行に行ったのなら、それほど悲しくない」と答える。その理由を回答させると、二度と会えないし、絶対に連絡できないという前提があるにもかかわらず、「また、いつか会えるかもしれないから」や「生きていると思うだけで悲しくない」といった答えが返ってくる。

つまり、二度と会うことも連絡することもできないという事実は、死んだ場合でも宇宙の果てまで行く場合でも同じなのに、気持ちとしてはまったく異なるようだ。

このことが、本書のテーマとなる「プロジェクション（投射）」である。

私が、本書の著書である鈴木宏昭さんから、プロジェクションという彼の独創的な話を初めて聞いたのは、二〇一四年十一月三十日のことであった。

東京大学で行われた日本認知科学会のシンポジウムの帰り道に、いつものように「当然、これから飲みに行くよね」と誘われた。酒の場で、「プロジェクション」という概念を仮定することで、人間が当たり前のように行っているが、実は不思議な能力の多くを説明できることを教えてもらった。

たとえば、私がプロジェクションの最たる例だと考えたのは、墓石や踏み絵に対して敬虔な気持ちが湧いてくる現象である。

父の墓がある京都・祇園《ぎおん》の八坂《やさか》神社の奥にある墓園に行くと、数千の墓石がある。その中のたった一つだけが、私にとって意味のあるもので、他の墓はただの大きな石でしかない。

江戸時代には、禁教であるキリスト教を信じる人を見つけ出すために、絵踏みが行われた。イエスやマリアが象《かたど》られた絵を踏めなければ、信者だと認定されたのだ。信者だと判定されれば、死罪である。命がかかっているにもかかわらず、信者たちは絵を踏めなかった。

墓石も踏み絵も、関わりのない人にとってはただのモノでしかない。しかし、故人の縁者や信仰を持つ人にとっては、それは単なるモノ以上の意味を持つ。イエスやマリアが象られた踏み絵は、信者にとって神そのものである。

人間は、さまざまなモノや出来事に「意味を重ねて」暮らしている。意味を重ねるということの心の働きこそが、鈴木さんがプロジェクションと呼んだものである。

死や宗教に関する例を挙げたが、プロジェクションの射程は多岐にわたる。たとえば、パントマイムを見ると、演者が何もない空気中で手のひらを押し出すような動作をしているだけなのに、演者の前に壁やさまざまな障害物があるかのように見える。もちろん、そのようなモノは実際どこにもないのだが、鑑賞者には、マイムの演者が壁や障害物に押し当たる様子が見えている。

実際の行動（空気中に手のひらを押し出す）とは異なる意味が、重ね合わされているのだ。

さまざまな事象にプロジェクションの考えを当てはめることで、私たちが無意識に取る行動の理由がよく理解できる。

身体が疲れているときには坂の勾配がきつく見える。盗んだ金だと言われれば、それを受け取ることに抵抗を感じる。

このような知覚や倫理に関するまったく別の事象も、プロジェクションの考えはうまく説明する。

鈴木さんが、最初にプロジェクションの構想を学会で発表したのは、二〇一六年のことであった。それから、毎年、日本認知科学会や人工知能学会でシンポジウムを開催し、工学者、神経科学者、哲学者、宗教社会学者らと議論を重ねてきた。

定期的な研究会も開き、プロジェクションの考えも深化してきた。鈴木さんが編著者となって『プロジェクション・サイエンス——心と身体を世界につなぐ第三世代の認知科学』という本も出した。

そして、学会だけではなく一般読者にもプロジェクションの概念を広めたい思いから、満を持して、鈴木さんはこの本を出すはずだった。しかし、その前に逝去した。

私が最後に鈴木さんに会ったのは、コロナウィルスによる会食の制限がほぼなくなりつつあった二〇二三年三月六日のことだ。名古屋大学での講演後、彼の下で博士号を取得されたばかりの横山拓《よこやまたく》さん、私の同僚の三輪《みわ》和久《かずひさ》さんや鈴木さんを慕う研究員らとともに、名古屋駅近くの居酒屋で彼の好きな日本酒を堪能した。その日のうちに鈴木さんは東京に帰るというので、新幹線の改札まで見送りに行った。私は、「じゃぁ、またすぐに東京で一緒に飲みましょう」と約束した。しかし、別れた翌々日に、鈴木さんは逝ってしまった。

私は、本書が改稿される前の最初の原稿ができた頃から、内容を見せてもらっており、特に二つの章について詳細にコメントするように求められてもいた。

そうした経緯や、共にプロジェクション・サイエンス研究会で勉強していたよしみもあって、まだ完成していなかったこの本を受け継いで、出版することになった。「はじめに」の他に、川合が新たに大きく加筆を行った節については節タイトルに（川合）とつけることで区別してある。特に第1章と第2章の「プロジェクションの基本概念」や、第4章の「モノへのプロジェクションの仕組み」については、説明が不十分であったり、書きかけの部分もあったりしたので、大きく加筆してある。その他、この（川合）というマークがついていない箇所についても、部分的に説明を加えたり、表現をわかりやすく内容を噛み砕いたりしたが、なるべく鈴木さんの表現が残るようにした。

この作業をしていても、まだ鈴木さんがいなくなった気がしない。出張も会食も控えさせられたコロナ禍を除けば、かつては、少なくとも月に一度は鈴木さんと一緒に日本酒を飲んでいた。制限が緩和されたときに、「本当に久しぶりだね」と言い合ったことが懐かしい。

私が日本認知科学会の会長を務めていることもあり、元会長でフェローでもあった鈴木宏昭さんを追悼する自主シンポジウムを企画・実施した。また、学会としても日本認知科学会大会で大会企画として、追悼シンポジウムも実施した。私が主導した前者のシンポジウムには、北海道も含め日本中から百人以上の人が集まった。
機関誌である『認知科学』でも追悼特集が編まれ、四十名以上の研究者が、誌上で彼の死を悼んだ。このように、彼が死んだ事実を突きつけられながら、さらに自身がそれを公にする作業に徹してもなお、まだ何かのせいで、しばらく鈴木さんに逢えていないだけのような感じがする。

最初に紹介した、宇宙旅行に行って二度と逢えない人がいても悲しみは感じにくい、という例と同じ感覚なのかもしれない。もうしばらくすれば、「いやー、本当に久しぶりだね。いろいろ仕事押しつけちゃって、悪かった」と言って、一緒にお酒を飲める気がするのだ。

誰かがいるという事実に対しても、親しかった故人の墓石に対しても、関係のない他人に対しても、すべてはプロジェクションという「心」の働き次第で感じ方は変わってくるのだ。
鈴木さんの死からの半年以上、彼とは逢っていないが、コロナウィルスの制限下では、そんな時期もあった。コロナに限らずとも、留学や入院で特定の人物と長い間会えないこともあるだろう。ようは考え方次第で、そうした経験と変わらないのだと思えば、もう半年、一年もすれば、また鈴木さんと逢えるのではないか、という思いが湧いてくる。それは自分の生涯を閉じるまで持ち続けているような気もする。

だから寂しくないといえば嘘になるが、私は、鈴木さんが提唱した「プロジェクション」という考え方で、モノの見え方・認識の仕方が変わったように思う。多くの人にも同じ体験をしてもらいたい。

本書を通じて、私たちは意味に彩られた世界に生きていることを理解してもらえれば幸甚である。

なお、プロジェクションという認知科学の分野は、古典的情報処理として心を理解しようとした第一世代、身体化された心の理解を企てた第二世代を乗り越え、世界と関わりながら独自の意味世界を作り出す、第三世代の「心の科学」の樹立を目指して二〇一〇年以降に研究が進んだ分野である。

本書はその提唱者で第一人者でもある鈴木さんが、研究を一般読者に対してまとめていたものであり、特に第3章以降には、まだ研究段階にあった彼の仮説も多分に含まれていることをあらかじめお断りしておく。

名古屋大学　川合伸幸

心と現実／目次

はじめに――川合伸幸　3

第1章　これまでの認知科学　15

心とは何か（川合）　16
第二世代までの認知科学の限界　20
AIは正しくモノを理解できない（川合）　23
プロジェクション科学はなぜ必要か　25
認知科学のカギは身体にある　32
心＝世界―身体―行為の相互作用　36
プロジェクションは身近に起きている（川合）　39

第2章　プロジェクションとは何か　43

プロジェクティッド・リアリティ（川合）　44

偽物の手を自分の手だと思い込む　46
経験や思い出がモノの見え方を変える（川合）　48
心と現実が結びつく（川合）　50
三種類のプロジェクション　55
想像上の友達（川合）　60
客観的に自己を見ることはできない（川合）　61
道具を持つことで身体が拡張する（川合）　62
自己の誕生　65
大森の「重ね描き」説　66
知覚とは脳内のシミュレーションである　70
フィルタを通して私たちはモノを見る（川合）　74
ラバーハンド錯覚が起こる仕組み　79

第3章　自己と身体　85

二種類の自己の在り方　86
ミニマルセルフ：遊離する自己と身体　89
なぜあなたの写真うつりはよくないのか　92

道具という手足 93
薬を塗らなくても傷が治る？ 95
ゲーム中に体が動く原理 98
表情で気分が変わる 102
ナラティブ・セルフ：自己と身体の怪しげな関係 105
痩せているのに痩せたがる女性 108
なぜ身体を加工するのか 112
十万年前から行われていた化粧 114
ファッションの社会的意味 117
記号としての身体 120
自己という現象 123

第4章 意味に彩られた「モノ」 129

あらゆるモノは複雑な意味を持つ 130
カレーを食べるときにトイレの話をしたくない理由（川合） 131
エンガチョで何が伝染しているのか（川合） 133
モノへの愛着はなぜ生じるのか（川合） 137

嫌いな人には所有物を渡したくない（川合）　139
モノには人の本質が宿る（川合）　142
遺品が呼び起こす記憶と物語　147
フェティシズムにかんする誤解　151
宗教とフェティシズム　153
贈与論に見るモノの価値　156
意味に彩られたモノの世界に生きる私たち（川合）　158

第5章　認知科学で進化の秘密に迫る　165

進化についてのおさらい　168
三元ニッチ構築という考え　172
刺激に対する反応　175
行動を誘発するデザイン　178
身体部位の結合　180
「現在」という枠を超えた人類　183
道具の身体化と自己の対象化　186
対称性を理解できるのは人間だけ　191

予測、プランニングが人類の歴史を変えた　192
自伝的記憶が自己を創り上げる　195
自己と他者の成立　198
心の発達によって集団作業が可能になった　201
死者、神、宗教の誕生　202
集団規模の拡大　205
人類の家畜化　209
プロジェクションの課題と弱点　214

補遺（川合）　221
他の理論との違い　221
プロジェクションの未達　223
本書における加筆と修正　226
残された課題　228

おわりに——川合伸幸　230

図版・DTP　美創

第1章　これまでの認知科学

心とは何か（川合）

まず最初に、川合から簡単に「心の理論」と「表象」という語について、説明しておきたい。プロジェクションとは、私たちの心の働きを探究する科学だからである。

私の二歳になる前の娘が、少し変わった隠れん坊をしていた。いきなり、顔を手で覆うのだ。私が「どこにいったのかなー」と言って探すふりをすると、キャッキャと喜ぶのだ。最初は娘が何をしているのかがわからなかった。目の前にいたのに、いきなり顔を隠して、どうかしたのかと驚いたが、その年齢の子どもには「心の理論」がないことを思い出した。つまり、自分からは目の前の人が見えなくなったので、目の前の人も自分を見えなくなった、と考えているのだろう。子どもは自分の知識や心の状態が、そのまま他者にも当てはまると考えてしまう。

心理学や認知科学では、人間には「心の理論」が備わっていることを前提として考える。「心の理論」とは、他者の心の状態や信念を推測し、理解する能力のことを指す。「人はこの状況下では、こう考えるだろう」というある種の仮説のようなものを持ちながら、我々は他者とコミュニケーションを取っているということだ。詐欺や嘘が成立するのは、騙す側が「心の理論」を駆使し、「こう言えば聞いている人は、こう考えるだろう」「こう言えば聞いている人は、こちらの発言を信じるだろう」と推測し、見事にその通りになるからである。

通常三歳以下の幼い子どもでは「心の理論」が備わっていないとされる。「心の理論」の有無を調べるためには、次のような問いがよく用いられる。

①太郎君と花子さんは一緒に遊んでいたが、太郎君は先生に呼ばれたので、おもちゃを二人で一緒に緑色の箱にしまって出掛けました。
②その後、花子さんはそのおもちゃを取り出して一人で遊んだ後に、今度は青色の箱にしまって家に帰りました。
③太郎君が再びやってきて、先ほどのおもちゃで遊ぼうとしたところ、緑色と青色のどちらの箱を開けるでしょうか?

講義でこの問題の説明をすると大学生でも間違う人がいるが、正解は緑色の箱である。回答者が知っている状態（おもちゃは最終的に青色の箱に入っている）と、他者（太郎君）の心の状態（おもちゃを緑色の箱に入れたので、緑色の箱に入っていると思い込んでいる）が異なることがわからないと、自分の知っている情報だけを頼りに青色と答えてしまう。

私たちは、このように心の中で作り出した「表象」を他者や物に当てはめながら生活している。表象というのは、イメージと言い換えてもよい。

もう少しわかりやすい例を出してみよう。たとえば、「リンゴ」という三文字を見るだけで、あの赤い果物のことだとわかる。そのときに視覚的なイメージが浮かんでも浮かばなくても、頭の中で理解できる。その理解できる状態になっている頭の中のイメージが、表象である。小説で「トンネルを抜けるとそこは雪国だった」と書いてあれば、私たちは、わずか十七文字のこの言葉で、雪国の情景をありありとイメージできる。

なにも表象は視覚的なイメージに限らない。たとえば、「踏切の音」と聞けば、「カン、カン、カン」というリズミカルな甲高い音をイメージできる。文字や音声を通じて脳内で作り出される表象を、私たちは互いに伝え合い、了解し合えるので、会話が成立する。

「リンゴ」や「apple」という文字を見れば、同じような表象が頭で作られる。しかし「pomme」ではなんのことかわからないかもしれない。フランス語を理解する人なら「リンゴ」と同じ表象ができているはずだ。

すべての人がまったく同じ表象を持っているわけではない。たとえば「神」という文字から得られる表象は、特定の宗教を信じている人と無神論者で異なるだろう。だが、それでもその二人は神について語り合うことはできる。同じモノやコトに対する表象が、それぞれの人でぴったり一致していなくても、私たちはコミュニケーションできる。いやむしろ、ぴったり一致していることの方が稀だろう。

「車」一つとっても、車を所有する人は自身の車の表象を持つかもしれないし、車を所有しない人は、もう少し抽象的な表象を持つかもしれない。私たちの持つ表象は、厳密なものではない。それはちょうど、赤いリンゴを見ても緑色のリンゴを見ても、リンゴの表象が得られることと同じなのだ。

以上のことを踏まえれば、「プロジェクション」の考えが、より鮮明に理解できるだろう。本書ではこのように世界のさまざまな情報を処理し、経験や印象などから自己の内部モデルを構築し出力するシステムを「心」と呼び、その働きによって得られるイメージを「表象」と呼ぶ。

心臓に心があると考える人が一定数いるが、情報処理システムを心と呼ぶなら、それを担うのは脳である。身体のそれぞれの器官は専門的な役割を担うが、脳は外界の情報を取り込み、記憶と照合し思考をした上で、出力（運動や発話）する情報処理器官である。脳によって担われている処理が心である。テレビという装置によって番組が映し出されているが、テレビそのものには番組（映像や音声）は存在しない。同じように脳という器官によって心という働きが担われている。

以降から鈴木宏昭さんが執筆した内容に入る。なお川合が新たに加えたり、大きく修正したりした箇所については、「はじめに」で述べたように（川合）と明記している。その他にも、適宜加筆・修正はしている。

第二世代までの認知科学の限界

私たちは世界からさまざまな刺激情報を受け取り、それに応じて何かを感じたり、考えたり、行動したりする。このような「外界から受け取る情報を処理することで人は動作を行っている」という考え方を洗練させ、学問的に体系化したのが認知科学である。認知科学は一九五〇年代に芽吹き、七〇年代に花開いたといわれる。こうした認知に関する考え方を図1－1のように定式化した。

世界は情報に満ちあふれている。この情報を人間は受け取り、加工・処理して、認知主体を取り巻く世界についての表象としてまとめ上げる。この考え方に基づき認知科学者たちは、感覚・知覚から、記憶・学習、思考・推論、行為といった分野に至る研究を行ってきた。

これまで、図1－1に見られる情報の処理や加工という行為は、コンピュータがプログラムでデータを処理するというイメージで捉えられてきた。だからこの過程は「計算(computation)」と呼ばれたりする。表象は、その結果出来上がる認識、理解の内容と置き換えてもよい。つまりこれまでの認知科学は、計算—表象—計算という図式の下で人の心を捉え

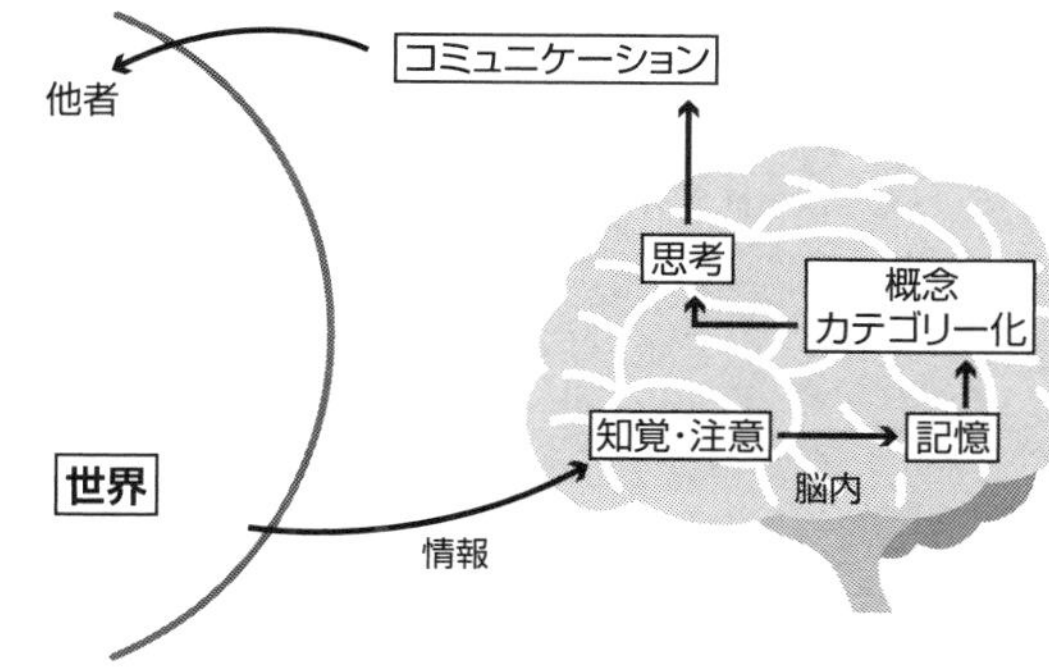

図1-1　認知の流れ

ようとしてきた。

ここで難問が発生する。それは表象のできる場所と世界との関係である。

先ほどのリンゴについて考えてみよう。自分の目の前のテーブルの上に、リンゴがあるのが見える。

これは計算―表象―計算の図式で考えると、リンゴ、テーブルを含む表象が頭の中にできたということになる。言うまでもなく、この表象は脳内（より一般的にいえば情報処理システム内）に存在している。

しかしよく考えてみてほしい。どんな人であっても頭の中にリンゴやテーブルが見えるわけではないし、脳の中にあるリンゴを食べたりしない。実際にそれらは目の前にあるのだ。

また頭の中のリンゴ＝表象を食べておいしい

と感じるわけではない。私たちは、本物のリンゴを食べておいしいと感じる。どうやって頭の中にできた表象は実際の世界のモノ・コトと結びつくのだろうか。

「意識は脳の電気信号に過ぎない」という言葉を聞いたことがある人もいるかもしれない。だが、実際にリンゴは今、目の前に存在しているのだ。

私は四半世紀近く認知科学の講義を担当し、先に述べた認知科学の標準的な図式を説明してきた（というか、その妥当性を力説してきた）。ただいつも不安だったのは、「その図が正しいのなら、どうしてモノは頭の中に見えずに、世界の中に見えるのですか」という質問が来たらどう答えようかということだった。

幸いなことにこの質問をする学生はおらず、ことなきを得たのだが、なんだか前科を隠して生きているような気分であった。またこうしたごくごく素朴な質問に答えられないような学問は、そもそも虚構なのではないかという不安もあったし、虚構の学問に人生を捧げてきたとすれば、とてもとても残念なことになる。

私も含めてほとんどの人は、実際の物理世界と心の世界がそれぞれ存在することを認めるだろう。しかしこの二つを結びつける関係をどう考えるかというのは、とても難しい問題である。目の前のリンゴがおいしそうと思うだけでなく、実際においしそうなリンゴが目の前にある（＝存在している）。どうしてこの二つは結びつくのだろうか。

そんな問いを考えているときに、私は「プロジェクション」という概念に行き当たった。

AIは正しくモノを理解できない（川合）

「心」と「現実世界」がどう結びつくのか。この問いを考えることが、プロジェクション科学の第一歩だった。

ここまでの話を聞いて認知科学に詳しい人間なら、この問いは、記号接地問題と似ていると考えるかもしれない。記号接地問題とは、記号（文字列・言葉）が実世界の意味とどうつながっているかを論じる問題である。

現代では、ChatGPTなど生成型の人工知能が、人間のように自然な受け答えをしてくれる。だが、人工知能は、リンゴの味や意味、齧《かじ》ったときのあの音を理解しているわけではない。ただ、「リンゴ」という言葉が出てくるときに、どのような言葉がその前後に現れるか、統計情報に基づいて、文字列を生成しているに過ぎない。したがって、生成型人工知能がどれほど自然な文章を答えても、それは文の意味を理解しているわけではないし、リンゴの味を感じているわけでもない。

記号接地問題は、記号が本当に実体となりえるのか。つまり文字（記号）情報だけで味や感触、比喩も含めて現実世界の「リンゴ」を理解できるのかを問題にする。

これまでの認知科学や心理学では、あるモノ・コトに対する表象は特定の一つだけが生成されると無条件に想定していた。しかし、そのように考えると、私たちにとって「意味のある世界」が理解できない。

目の前にあるリンゴにしても、私たちはそこに「リンゴがある」という事実だけを、心の中に思い浮かべているわけではない。この点で私たちはＡＩとは大きく違う。「リンゴがある」という事実に対して、味や触感、色や思い出が想起される。

他の例も出してみよう。たとえば、結婚指輪は、どれも似たようなデザインである。その役割は明確であるが、「結婚指輪」という語が一般的に意味することと、「自分の結婚指輪」が意味するものは、大きく異なる。自分の結婚指輪は、思い出や意味が詰まった唯一無二のモノである。

川合は一度、結婚指輪をなくしたことがあり、当時は本当に狼狽した。妻に謝り、二人で新たに結婚指輪（といえるのかわからないが）を購入してしばらくしてから、家の中でなくした指輪が出てきた経験がある。

「結婚指輪」という言葉を聞けば、そのときのことを思い出す。このように、結婚指輪という辞書的な表象に加えて、それぞれの人の思い出や意味、価値観も併せて、表象は何重にも重ねられる。

目の前のリンゴにしても、そうした脳内の表象が重ねられることで現実世界のリンゴと脳内のリンゴが結びつく。だから、私たちはリンゴを、食べればおいしい、と判断して食べることができる。

従来の認知科学は、図1－1に示したように、心を外界の情報を取り込み処理し出力する情報処理システムと考える。しかし、そのような考え方だけでは、私たちが、意味に彩られた世界に生きていることを説明できない。そこで、心には「プロジェクション」という働きがあると考え、鈴木さんは研究を進めてきた。

プロジェクション科学はなぜ必要か

「プロジェクション」という考えが誕生したのは、前述したように現実世界と心の世界がどのように結びつくのかという難問に対して、答えを見つけ出すためである。ここではこの問題に対して、認知科学がどのようにアプローチしてきたのかを紹介しよう。

難問への答え①　そもそも心を考える必要はないのではないか?

心と現実の問題をクリアにするためには、そもそも心をまったく介在させなければよいのではないか。これが、「素朴実在論」という考えである。目の前にあるモノは目の前にある。

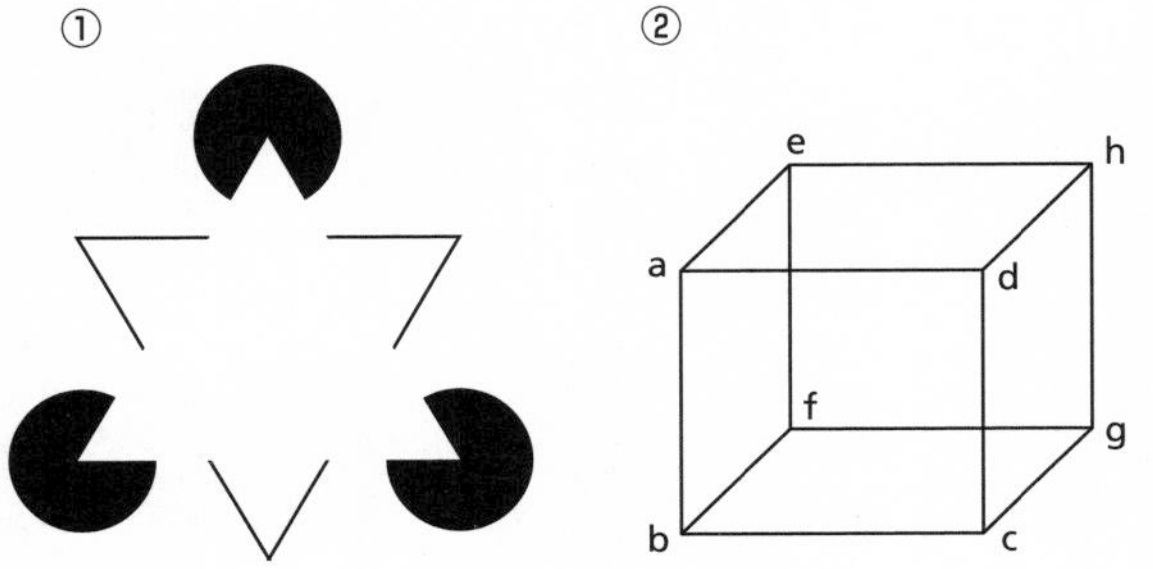

図1-2　①はカニッツァの三角形、②はネッカーの立方体

我々は表象を抜きにモノ・コトをあるがまま直接的に知覚している。そうなれば当然、表象を生み出す心も必要ない、というのがこの仮説だ。「素朴実在論」では、表象という媒介物を仮定しないことにより、心と現実の対応問題を考える必要がなくなる。

ただ素朴実在論は簡単に破綻する。なぜならば私たちは物理的に存在しないものを知覚、経験するし、物理世界ではあり得ないことも知覚経験するからである。

図1−2を見ていただきたい。

左側①はカニッツァの三角形と呼ばれているものである。

どんな人でも左の絵の真ん中に白い三角形が見えると思う。しかし三角形というのは平行でない三本の直線が作り出す形なのだが、そんな直線はこの図には物理的に存在しない。存在しないのだが三角形は見える、つまり物理世界にはないものを知覚している。

図1-2の右側②はネッカーの立方体と呼ばれるものである。しばらくの間これを見ていると、ａｂｃｄが前面、ｅｆｇｈが前面となる立方体が交互に現れる。

このような知覚がなぜ問題になるのかといえば、図形がアイデンティティに関わる物理的な制約を、逸脱しているからである。

アイデンティティというのは日本語の中では「自分らしさ」という意味で使われるが、元々は自己同一性のことを指す。つまりあるものＸはＸなのであり、ＹとかＺではないという意味だ。一つの物体（人間も含む）は一つのアイデンティティを持つ。

しかしこのネッカーの立方体は、ａｂｃｄが前面となる立方体と、ｅｆｇｈが前面になる立方体という二つのアイデンティティを持っている。これは物理的にあり得ない。私たちが物理世界のモノをそのまま知覚しているのだとすれば、こうしたことは起こらないはずだ。

難問への答え②　頭の中だけですべてが完結していると考えてもいいのではないか？

なぜ心と現実世界が結びつくのか。難問に対するもう一つの回答例は、頭、つまり脳の中ですべての事象が自己完結していると考えても別にかまわないのではないか、というものだ。

実際、脳の中には世界の地図のようなものが存在している。場所細胞というものや、グリッド細胞と呼ばれるものがそれだ。

場所細胞というのは海馬に存在し、自分が一度訪れたことがある場所に再度行くと、活動を始める。私たちはこの働きによって、現実の環境の中で訪れたことのある場所を認識することができる。

一方のグリッド細胞というのは海馬ではなく、その近くに存在し、世界を碁盤《ごばん》の目（実際には四角ではなく、三角模様の碁盤）のように目の前の場面を区分けして、任意の区画に自分が移動すると活動を始める。今自分がいる場所が空間のどの位置なのかを特定するのだ。

これらは頭の中にある世界地図だと考えることができる。つまり人間も含めた動物は外界を認識するために、地図を脳の中に持っているというわけだ。これらを発見したオキーフとモーザー夫妻は、二〇一四年にこの業績でノーベル生理学・医学賞を受賞している。

こうしたことを踏まえれば、外界の刺激から感じたことをこの脳の中のマップに連結させれば、世界に何があるのか、どこに探しているものがあるのかはわかるのかもしれない。だとすれば、前の節で述べたことは謎でもなんでもなく、外界で起きていることもすべて脳の中で自己完結する事象だと考えてもよいではないか、というわけである。

しかし、この「脳内自己完結説」の筋で考えれば、私たちは世界を見ずに、脳の中に出来上がる地図だけを参照して行動をしていることになる。わかりやすいたとえを使えば、目隠しをしてスマートフォン（以下、スマホ）の行先案内に従って歩くようなものだ。

　スマホは利用者の位置情報を用いて、ある場所から別の場所へ移動するための細かな指示を出してくれる。「三〇メートル先を左折し、五〇メートル進んだところにある信号を右に曲がると目的地がある」といった内容である。現在のスマホでは三〇メートルなどという数字が出てくるが、もしこの位置情報サービスが進化して、あなたの歩幅も正確にわかるとすると、「五〇歩歩いてから左に曲がり――」などと教えてくれるかもしれない。障害物や対向車がいなければ、これでも確かに目的地には着ける。

　しかし私たちは現実世界とは無関係に、脳の中の地図だけを参照して行動をしているのだろうか。私はこの仮説は正しくないと思うし、多くの読者の方は直感的に私に賛成してくれるのではないだろうか。

　なぜなら、世界は実際に見えており、その世界の中で私たちは実際に活動を行っている。そんな実感を私たちは持つ。なんだかわからないけど、脳の命令に従っていたら、目的地に着いていたというのは受け入れがたい[*1]。

「脳内自己完結説」をさらに拡張すると唯脳論と呼ばれるものにたどり着く。脳内自己完結説では、外界から刺激を受け取り、それに対して脳内で表象が出来上がり、そこで処理が進められると考える。一方、「唯脳論」とは、外界に存在しないモノ、たとえば思考や気持ちのようなものも含めて、世界はすべて脳が生み出したものである、と考える（心がすべてと言いたければ唯心論となる）。

　これはさらにおかしな事態を生み出す。私は目の前のコーヒーを飲んで癒されるわけだが、この考えでは私がコーヒーという脳内の産物を脳内で飲むことにより脳内で癒されることになる。私が脳内の恋人と結婚し、脳内で子どもを産み、脳内で慈しみ育てる。そうしたことが認められるだろうか。

　ちなみにここで登場する「私」も脳内産物だ。ファンタジーとしては面白いし、そういう映画（ウォシャウスキー兄弟監督の『マトリックス』）や小説（鈴木光司の『ループ』）などが実際にある。そしてどちらもエンターテインメントとしてすごく面白い。でもそれはファンタジー、フィクションに過ぎない。

　こうした唯脳論的な世界観を本気で否定しようとすると、けっこう難しい。なぜなら否定しようとする私や否定したことすべてが、すでに脳内の産物である可能性があるからだ。脳内の産物に否定されたところで、それ自体が脳内の出来事だと受け取られてしまうので説得力がない。しかしそれはやはり科学者として拒絶したい。科学というのは客観的な世界、つまり私たちとは無関係に独立に存在する世界を認めている。

だから一所懸命、実験や観察を繰り返して私たちは世界の姿に迫ろうとしているのだ。私の出した謎に反論する科学者たちだって、世界が実際に存在していると思うから、自分の実験で使う刺激の物理的特徴（大きさ、輝度、色相、周波数等々）、実験参加者の反応のスピードを厳密に測定しているのだ。すべてが脳内で自己完結しているのであれば、世界の仕組みを解き明かそうなどという実験をやる意味がないはずだ。

難問への答え③　身体が世界と心を結びつける

次に紹介する難問へのアプローチは、「身体を持ち込む」というものである。身体は世界の中に物理的に存在している。私たちは、それを用いた行為によって世界とさまざまな形で相互作用している。だから身体と行為を認知の理論に取り込むことで、世界と心は結びつくはずである。

物理的な世界と心がどのように結びつくのか。最初に挙げた難問は、身体とその行為というものに無関心だから生じたのだと科学者は考えた。

またこれまでに述べた「心は必要ない説」と「脳内自己完結説」の二つのアプローチも、心、脳を身体とは無関係に扱ったためにうまい解決が見いだせなかったから出てきたのではないだろうか。

実際、初期の認知科学にとって、身体は行為を行うための道具というか、脳に対する奴隷のように見なされていた。指示を出す中心部のシステム、つまり脳について探究すれば認知科学の研究は十分だと考えられてきたのだ。

しかし九〇年代に勃興《ぼっこう》し、二一世紀になり花開いた身体性認知科学は、身体を末梢のものとして扱うこれまでのアプローチを厳しく批判した。進化的に考えれば、知性というのは身体がうまく環境に適応するために作り出されたものである。だから身体は知性の前提である。また身体を持っているからこそ知覚や行為が実行される。その意味でも身体と認知を切り離すことは適切とはいえない。

こうした観点から、身体性認知科学が興隆し、これまで身体は全然関係がないと見なされてきた知覚的な判断、人物の評価、文章の理解、ひらめきを必要とする問題解決など、さまざまな分野で身体と認知、知性との関わりを明らかにしてきた。また認知言語学という分野では、言語という人間に固有の機能が、身体と一体となっていることを明らかにもした。

認知科学のカギは身体にある

今ではこうした認知科学に身体を持ち込む考えが主流である。この流れは、認知科学の隣接分野である情報科学においてもロボティクスの隆盛という形で姿を現し、二〇〇〇年以降に爆発的な発展を遂げた。

ロボットは身体を持ち、その身体を用いてさまざまな行為を世界の中で行う。そしてその結果変化した世界は新たな情報をロボットに与えてくれる。

また、身体を持つのは人間だけではない。動物も身体、行為を通して世界と相互作用しながら生活を営んでいる。その意味で動物と人間にも多くの類似性があるはずである。こうした視点から動物が用いる認知や学習のメカニズムが、いわゆる人間的な知性の中にも存在するのではないかという考えも広まった。そのアプローチで研究するのが比較認知科学である。

こうしたアプローチが、人の知性の研究に多くの所産をもたらしたことに疑問の余地はない。しかしこれだけで心と世界の一体化が解明されたとはいえない。以下にその理由を四つほど挙げる。

①体感が身体を離れない

身体性認知科学は経験の意味を身体と関連づけ、豊かな体感が生み出される仕組みを明らかにした。しかしそれらはまだ主体の中にとどまっており、現実世界とのつながりは欠けたままである。一方、人間は豊かな体感を体験するだけでなく、それを世界の特定の場所に位置づけ、意味に溢れた世界で知覚、行為を行っている。つまり意味は身体の中にとどまるのではなく、物理的な外の世界に構築されるはずである。おいしそうな食べ物、素敵な人、荘厳《そうごん》な風景は、そう感じられているだけではなく、世界の中に実在しているのだ。この仕組みについて身体性認知科学は明確な答えをまだ持っていない。

②行為の向かう先を特定しなければいけない

前述した問題に対して、次のような反論があるかもしれない。つまり人は行為を行い、それによって世界とつながっているため、決して体感は身体のみにとどまっているとは見なせないのではないか、というものである。確かに行為は人、心と世界を有機的に結びつける方法の一つである。しかし行為は、世界のある特定の対象に対してなされるが、その対象はどのように把握されるのだろうか。行為が向けられる先が決まらなければ、行為は成立しない。また現前する荘厳な風景に対して私たちは知覚すること以外、どういった行為を行っているといえるだろうか。行為が世界と心とを結びつけるのだとすれば、知覚以外に荘厳な風景に対して行動を取れていない私たちが、外の世界とつながっているといえるのだろうか。荘厳な風景が現前するためには、世界と心を結びつける別の心の仕組みが必要になる。

③身体と自己は対象化される

　また身体が認知の基盤にあるといっても、注意が必要である。少なくとも人間の場合は、身体とは生の物理的、生理的身体だけを指すのではない。身体は認知の対象となっている。対象化された身体とは、自己のそれまでの経験や、未来に向けての願望、他者との比較、社会の規範から生み出される物語としての身体（後に詳しく述べるナラティブ・セルフ）のことだ。だから人間にとって身体は意味の基盤となるだけでなく、すでにそれ自身が、意味にまみれた記号的な存在でもある。そして化粧、服飾など、加工することでさらに記号化を進める。つまり単純に身体を行動の主体としては捉えられないのだ。この複雑な入れ子関係について身体性認知科学の知見からアプローチするためには、これまでにない心の働きを考えざるを得ない。

④記号ベースの認知

　人間も動物であり、進化の過程で獲得した感覚—運動協応のような基礎的なメカニズムに基づいて行動する場合もある。たとえば、反射や汗などの生理的な仕組みがそれだ。しかしそれは人間の生活、経験のごく一部に過ぎない。私たちは動物的な身体が適応している生存、採餌《さいじ》、生殖というものでは説明できない認知、行動を数多く実行している。たとえば、広義のフェティシズムに見られるようなモノへの執着、芸術作品やポルノなどの記号、メディアへの没入、宗教などに見られる信仰、スポーツ観戦における応援などは、動物的な身体の捉え方では到底理解できない。これらの活動においては、本来的な価値、特に生物学的な価値はほとんどないものにも強烈な感情が見られる。つまり私たちが出会う世界は文化的、制度的、社会的な意味が投射された、それぞれの人間固有の彩られた世界なのである。こうした領域における人間の行動については、社会学、文化人類学が専門的に研究を重ねてきている。しかし意味のないものにとてつもない価値を与える心の仕組みについて知られていることは少ない。

心＝世界―身体―行為の相互作用

これまでの議論の中で誤解されるといけないので、一つ釈明をしておきたい。それは、この本は脳やその働き（つまり、心）を否定するのかという誤解である。

もちろん否定などしない。私たちの心の世界の構築に脳が関与しないはずはない。実際、脳に異常が起こることで、世界の見え方、感じ方は決定的に異なってくる。視覚に関わる脳部位が大きな損傷を受ければ、仮に網膜、視神経がまったく損傷を受けていなくても、モノは見えなくなる。

また紡錘《ぼうすい》状回《じょうかい》と呼ばれる場所が損傷を受けると、人の顔だけ特異的によくわからなくなってしまう。脳梗塞などで右半球の血管に障害が起こると、半側空間無視といって視野の左側が認識から消えてしまうことがある。その結果、探し物が左にあるとそれを見つけられなかったり、

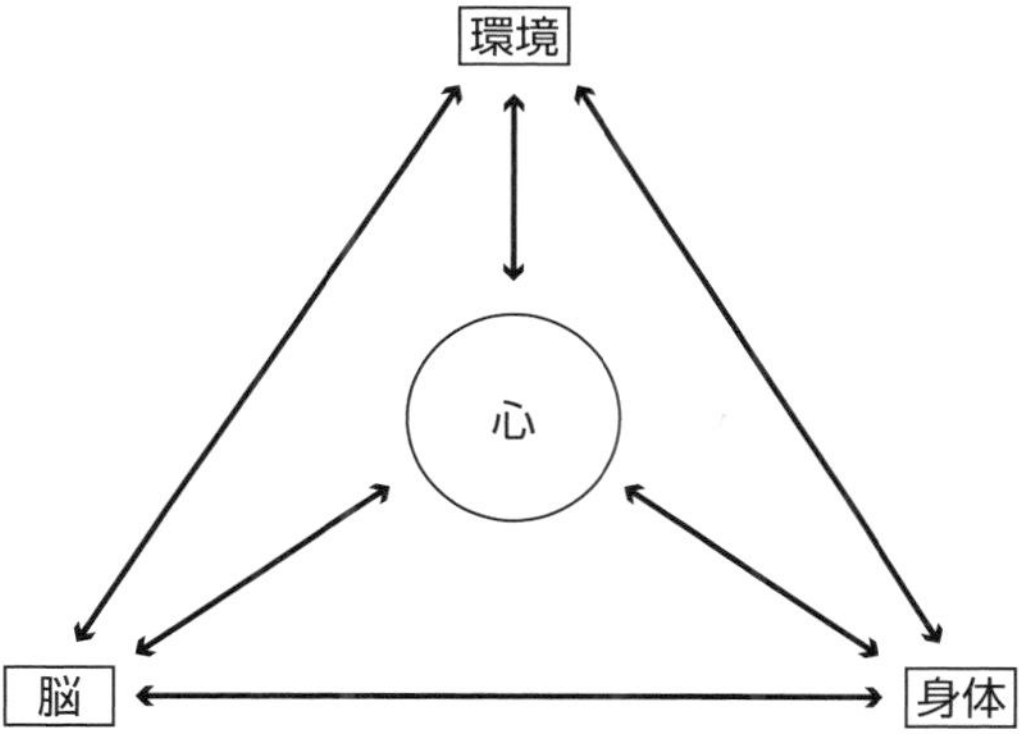

図1-3　心と脳、身体、環境の模式図

左側のものによくぶつかったりするようになる。この障害を持つ女性には、右側だけ化粧をするといった特徴的な行動も見られることがある。

　こうしたことを考えれば、脳が私たちの認知に無関係という主張は論外ということになる。だから、脳が私たちの認知に無関係であると主張したいわけではまったくない。

　この本で最も主張したいことは、①環境、②身体、③脳の複雑な相互作用の中で「心」が生み出されており、そこでは脳の働きが深く関係しているということだ。

　環境は身体や脳に影響を与え、それによって私たちはある認知状態、身体状態を経験する。また身体を用いた行為は環境を変化させ、「心」が特定の状態になれば、脳も、身体も変化する。図1－3に示したように、そうした相互関係が形成され、それが心を含めた私たちの生活全般を形作っている。

心が身体に影響を与えるというのは、納得できない人もいるかもしれない。ただ気持ちの持ち方によって、運動能力などが影響を受けることは誰でも経験したことがあると思う。

最もわかりやすいのはプラシーボ効果（プラセボとも呼ばれる）と呼ばれるものである。薬としての効果がまったくない小麦粉を固めたようなものを、薬だと偽って飲ませることで、患者は実際に病気が良くなったり、運動能力が向上したりする。

これについては面白い実験がある。二つの実験グループを用意し、一方の実験参加者は、飲むと体調が悪くなる可能性があると言われて偽薬を渡される。そしてその後、電流が流れる装置に手を当て、どのくらいの強さまで電流に耐えられるかをテストする。もう一方の実験参加者には偽薬は与えられないで同じテストをする。

どちらの参加者の方が耐えられるかというと、偽薬を与えられた方の参加者だ。これは体調が悪くなる薬だと思い込むことで、電気刺激による体調の変化が偽薬に帰属されたせいだと考えられている。つまり「うーん、なんか気分悪くなってきた」と感じても、それが電気のせいではなく、薬のせいだと思い込むのだ。

他の実験では、恋人の写真を見ていると、人はより強い痛みに耐えられることを証明した。

心というのは環境や身体のように客観的に存在しているものではない。それらは環境、脳、身体の相互作用の中で創発する「プロセス」のようなものなのだ。

何かを経験するときに何かを感じる心がある。だから私たちは心というものは、環境や身体とは独立に存在しているかのように考えてしまう。しかし実はそうではないのだ。何か起こる前に心は存在していない。その場その場で作り出されるものなのだ。

こうした心と脳、環境、身体の関係を解き明かすために、「プロジェクション」は生まれた。

プロジェクションは身近に起きている（川合）

次章でプロジェクションとは何か具体的に説明をする前に、実験を一つ紹介しよう。川合の研究室では「他者がいること」、正確にいうと「他者がいると思い込むこと」が、脳の活動や行動にどう影響するかを調べている。

川合の子どもは、しばしばタブレットでオンラインゲームをする。何人かとオンラインで対戦しているようだが、傍から見ていると実際に誰かとゲームをしているのではなく、コンピュータが誰かのふりをしているのではないか、と思ってしまう。でなければ、ゲームを始めてすぐに何人もが集まるはずはないのではないか。しかし、子どもは「また、〇〇さんが参加してくれた」と喜んでゲームをしている。

一人でゲームをするよりも、誰かと一緒にプレイする方がゲームに熱中して、より楽しく感じることはよく知られている。そこでプレイヤーは、「誰かとゲームをしている」と思い込むだけでよいのではないかと考えた。

ある対戦ゲームで、一人でプレイする状況と、隣にいる他者と対戦すると説明された状況（実際には他者はゲームをしておらず、一人でプレイしているときと同じ状況）を設定し、どれほどゲーム以外に注意を向けているかを調べる脳波を測定しながら、ゲームをしてもらった。ゲーム中にヘッドホンから、ピッ、ピッ、ピッ、ピッという音が聞こえてくるが、たまにポッと、高さの違う音が聞こえる。その高さの違う音が何回聞こえたかを参加者には数えてもらうのだが、このたまに聞こえる音がはっきり聞こえていると脳波（Ｐ３００と呼ばれる）が現れる。脳波が大きいほど、音に注意を向けていたことになり、脳波が小さければ、ゲームに熱中していたことになる。

実験参加者は、二回ゲームをし、そのうち一回は「一人でコンピュータ相手に対戦してください」、もう一回は「別の参加者（サクラ）と対戦しましょう」と説明された。しかし実験参加者は、ＶＲ用のヘッドマウントディスプレイをかぶってゲームをしているので、隣の対戦相手は見えない。

その結果、一人でプレイしていると伝えられた状況に比べて、「別の参加者と対戦している」と説明された状況では、一人でプレイするのとまったく同じ状況だったにもかかわらず、

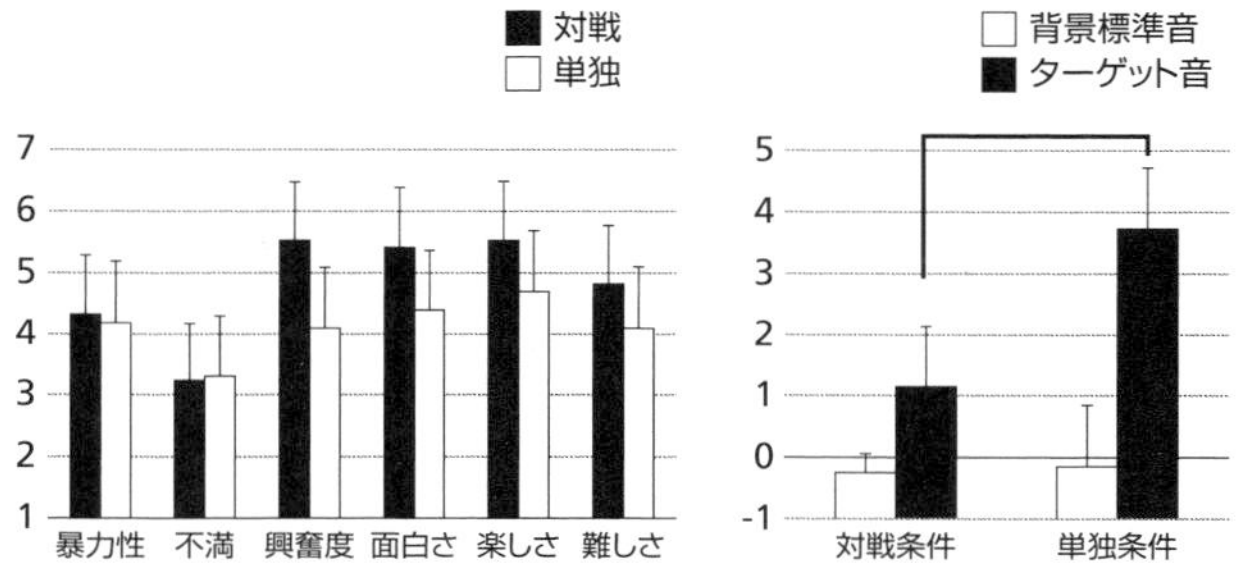

右図：各条件におけるP300平均振幅値（250-600ms）（N=10）

図1-4　川合らの研究で行った実験結果。実際には同じように一人でビデオゲームを行っても、隣に座っている人と対戦しますよと言われれば、興奮度や楽しさが高まる。左の図は主観的評価で右は脳波の振幅量を表す

（久保賢太、川合伸幸「事象関連電位によるテレビゲームの熱中度の測定：対戦相手の有無の違い」2016）

音刺激に対する脳波が小さかった。また、単純にポッの音を聞き落とした回数も、「対戦している」と言われたときの方が多かった。さらに、それぞれのゲーム直後にアンケートに回答してもらったところ、興味、面白さ、楽しさの得点が、「対戦している」と説明されたときの方が高かった。

この結果を図1－4にまとめた。

他者とゲームをしていると思い込むことで、ゲーム中の関係ない音への注意と脳の活動が変化し、聞き落としが生じるばかりか、主観的にも楽しいと感じたのだ。

この実験における他者の存在（していると信じる）による効果は、他者が存在しているとする心的な感覚に支えられている。今対戦しているのは、隣に座っている他の実験参加者である、と信じ込むこと、つまりコンピュータが動かす対戦相手に、他の実験参加者の表象を重ねているのである。そのことで、脳の活動も、行動も、主観的な楽しさも変化したのだ。

実際に対戦相手がいる（環境）と、対戦をしていると思い込む（脳）が、主観的な楽しさ（心）、そして音を実際に聞く行為（身体）に同じ働きを与えたのである。この実験からも、心と環境、脳、身体を巡る構造の重要性が理解できるのではないだろうか。

＊1―ただし自分の意志や意図で行ったと思っている行為が、実はそうではないという例はたくさんある。詳しくは拙著『認知バイアス』講談社ブルーバックス、二〇二〇の5章をご覧になられたい。

第2章　プロジェクションとは何か

プロジェクティッド・リアリティ(川合)

いよいよ「プロジェクション」の内容に入りたい。具体的な説明に入る前に、簡単な例を紹介する。

ある日、川合が子どもと『ちびまる子ちゃん』を見ていて、あぁこれはプロジェクションの良い例だなぁと思ったことがある。

まる子ちゃんにはお姉さんがいて、彼女は西城秀樹《さいじょうひでき》の熱烈なファンである。あるとき、姉妹が部屋の壁を見上げていた。同居しているおじいさん（友蔵）がやってきて、二人に何をしているのかを尋ねた。二人は、西城秀樹の身長のところに印をつけて、西城秀樹はこんな感じなんだぁと壁を見てうっとりしていたのだった。

友蔵にすれば、壁を見てうっとりするなんて、変な子どもだと感じるだろう。ところが、姉妹からすれば床から壁の印までの領域に西城秀樹の表象を投射していたために、壁はただの壁でなく西城秀樹がそこにいたのだ。

これは、頭の中、心の中で起きていること、つまり認知的な処理の結果が、現実の世界にプロジェクション＝投射されているということだ。

この考え方は卓越した物理化学者であるとともに、独創的な哲学者としても活躍したマイケル・ポランニーの思想に由来している。彼は私たちの認識が、近接項と遠隔項との間の投射に基づいていることを『暗黙知の次元』という有名な本の中で指摘した。

近接項とは世界から伝わる情報が、私たちの中に生み出す感覚のことである。まる子ちゃんの例では近接項は、まる子ちゃんたちが意味を感じている壁に書かれた床から一八二センチメートルの高さの印である。そして遠隔項は、その情報を与えた原因、つまり世界の中の実在のことである。この場合の遠隔項は西城秀樹のことだ。

そして近接項と遠隔項をプロジェクション（投射）の働きによって結びつけたときに、理解が得られる。そうポランニーは論じている。

この考え方からすれば、プロジェクションによって自分の感覚が、現実の世界の中に映し出されているということになる。つまり私たちが直面している現実＝リアリティとは、プロジェクティッド・リアリティ（投射された現実）なのだ。

プロジェクティッド・リアリティはいわゆる物理的、客観的な世界ではないし、また私たちが頭の中に作り出した心的な世界というわけでもない。物理的な世界と心的な世界の二つが重ね合わされた世界なのだ。

このような心の動きによって、まる子ちゃんとお姉さんにとって、壁は紛れもなく西城秀樹になるのだ。こうした情報処理の結果を現実世界に反映する心の動きを、「プロジェクション」と定義する。

偽物の手を自分の手だと思い込む

ポランニーが投射を主張した時点で、脳科学は発展途上であった。そもそも認知科学という分野すら存在していない。だから彼は今でこそ認知科学において近接項と呼ばれるものを、「私たちに生じる感覚」という妙な言い方で表現している。その後一九八〇年代以降の科学の発展で、刺激が私たちの脳内に生み出すのは表象、あるいは特定の脳の状態であることがはっきりとしてきた。だから現代においては、近接項は表象、あるいは脳の反応と置き換えて呼んだ方がよいかもしれない。

こうした考え方を採用して、ラバーハンド錯覚という実験を紹介する。

ラバーハンド錯覚とは、人工腕（ラバーハンド）がさも自分の腕であるかのように感じる錯覚のことである。図2-1のように実験参加者に片腕を机の上に置かせて、その内側に人工腕（ラバーハンド）を置く。

自分の腕とラバーハンドの間には衝立《ついたて》が置かれて、自分の実際の腕は見えず、ラバーハンドだけが見える。ラバーハンドと参加者の腕を同時に何度もなでると、やがて実際の腕に加えられる触刺激を、人工腕の位置で受け取っているように感じる。つまり、ラバーハンドを自分の

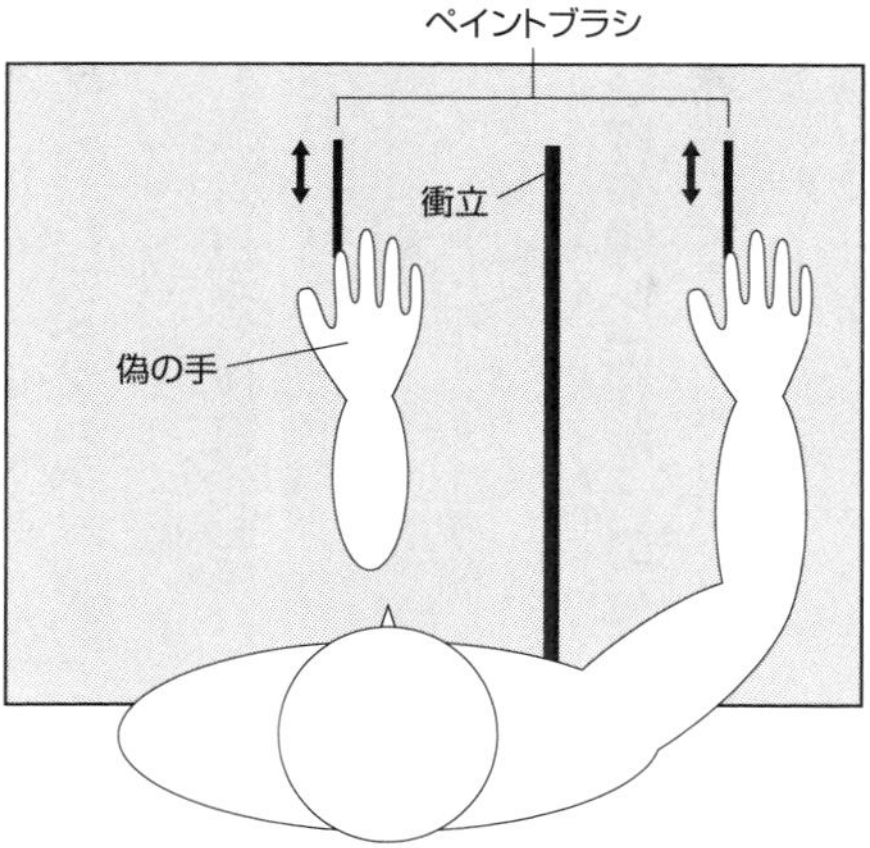

図2-1　ラバーハンド錯覚

腕のように錯覚するのだ。

ここからラバーハンドに対してハンマーを打ち下ろすと、自身の腕に対してハンマーが叩きつけられたかのように実験参加者は錯覚し、強い驚愕反応を示す。

この実験では自分の実際の手の触覚が受け取る刺激が、近接項となる。その原因、つまり遠隔項はブラシと自分の手の接触なので、近接項（感覚）と遠隔項（原因）が一致している通常の状態なら何も問題はない。

しかし、目の前に見えるラバーハンドとブラシの接触により、近接項と遠隔項が結びつかずに近接項（つまり手の感覚）が、ラバーハンド側に投射されてしまっている。遠隔項（原因）が、実際に与えられるブラシの接触なのにもかかわらずだ。

知覚も同じように説明できる。視覚の場合、近接項は網膜の状態である。これはほとんどの場合意識できない。しかしここから脳内の処理により、ある内的なもの（表象）を作り出し、それは意識可能な近接項となる。そしてその近接項は、それを生み出した眼前の物体（原因＝遠隔項）にプロジェクションされる。こうして物体が知覚されることになる。

しかし話は、そこで終わらない。自分の結婚指輪についても考えてみよう。それを知覚することで、過去の経験の記憶が脳内に再現される。そして楽しくなったり、懐かしくなったりするだけでなく、記憶が付着した表象はその結婚指輪へとプロジェクションされる。

すると結婚指輪は、記憶を背負ったものとなり、特別な価値を有するものとして眼前に現れる。つまり、目の前の物体という遠隔項とは少し意味の異なる近接項が生み出されるのだ。

経験や思い出がモノの見え方を変える（川合）

物体の知覚の場合は実際に知覚した結果がプロジェクションされているのに対して、結婚指輪では知覚している物体以外の要素（記憶）がプロジェクションされている。しかし、知覚と結婚指輪に対する愛着を、同一視するような考え方には納得がいかないかもしれない。

だが、初めて見る目の前のコップの知覚においても、知覚する物体（その処理結果）だけではなく、記憶もプロジェクションされるのだ。たとえばコップの底面や背面の情報は実際には見えていないが、私たちはそれらを記憶から呼び出し、コップへとプロジェクションしている。だから底に穴が開いているかもしれないと心配もせずに液体を注げるし、ある程度の硬さがあることもわかるので摑むこともできる。ふつうの知覚と結婚指輪や愛用品に対する愛着を含んだ知覚の間には、程度の違いしかないといえる。

そもそも私たちは、自分で考えているほど、しっかりと世界を見ているわけではない。イグノーベル賞を受賞した「目に見えないゴリラ」という有名な実験がある。動画検索で、「Invisible Gorilla」と検索すればすぐに見つかる。

この実験では白いTシャツを着た三人と黒いTシャツを着た三人の計六人が、細かく立ち位置を変えながら二つのバスケットボールをそれぞれのチームでパスし合っているところを見せられ、白いチームが何回パスを出したか数えなさいと指示される。

九十秒ほどパスを投げ合っている間に、画面の中央にゴリラの着ぐるみを着た人が登場し、胸をドンドンと叩いて去っていく。ふつうに見ていれば、ゴリラが見えないはずはないのだが、白いTシャツの三人にだけ集中して見ているとそれ以外の情報（黒いTシャツの三人や、やはり黒い姿のゴリラ）は「見えなく」なるのだ。もちろん、網膜には映っているし、脳では情報処理をしているが、主観的に「ゴリラは見えない」のである。

実際に授業で、この映像を見せて、「ゴリラが見えた人」と聞くと、半数ぐらいしか手を挙げない。ゴリラが見えなかった学生はきょとんとしている。そこで、もう一度映像を見せると、ゴリラが出てきたところで、あぁーと驚く。この驚きは、ゴリラに対してではなく、はっきりと見えているはずのゴリラが見えなかった先ほどの自分に対する驚きなのだ。

この実験を行ったハーバード大学のチャブリスとシモンズは、『錯覚の科学』（文藝春秋）という本を出しており、私たちは世界をあるがままに見ているわけではないことを多数の例を挙げて解説している。網膜に映る像は、そのまま脳内で処理されるのではなく、注意が向けられなければ（これを「選択的注意」という）紹介した実験のゴリラのように見えないし、あるがままに見えていると信じているコップも、知識や記憶を動員しながら見ているのである。

心と現実が結びつく（川合）

こうした先行研究を踏まえて、鈴木さんはポランニーの考えをさらに進め、人間には「プロジェクション」という心の働きがあることを提唱した。

すでに述べたように、私たちがモノを見たり聞いたりすると、それぞれに対応する表象が頭の中に出来上がる。しかし、リンゴを見て脳でリンゴの表象が形成されてもそれで終わりではない。その表象は、それまでの経験やそのときの身体の状態（たとえば空腹であるなど）、さまざまなものが重ね合わさって、それを見た人がその場面に応じて固有の表象を作り出すのだ。

リンゴではわかりにくいかもしれないので、別の例を挙げよう。たとえば、子どもの授業参観に行くと、教室に多くの子どもが座っている。自分の子どもは、当然他の子どもとは違う思いで見るが、子どもの友人に対しても、家に遊びに来たときのことや、さまざまな思いを重ねて見るので、知らない子どもとは違う感慨を持つ。

つまり、大勢いる知らない子どもに対しては、皆同じように子どもという表象が形成されるが、何人かはそれぞれ別の表象を、その姿に重ねて見るのである。頭の中にあるはずの、それぞれに固有の表象（これまでの経験や知識など）を、目の前にいる子どもに重ね合わせる働きのことを、鈴木さんは「プロジェクション」（投射）と呼ぶことにしたのだ。

さて、どうして頭の中にできた表象が、目の前の子どもに投射されるのだろうか。表象をそれぞれの対象に飛ばしたり、プロジェクションマッピングのように映像を投影して重ねたりしているわけではない。頭の中にできた対象に、さまざまな表象が重ね合わされて現実世界は知覚される。

プロジェクションの考えを用いれば、前章の難問「どのようにして心と現実世界が結びつくのか」にも仮説が導き出せる。頭の中にできた表象が、どうして頭の中でなく、世界に存在していると理解できるのか。鈴木さんはこのことについて頭を悩ませていたが、その問題の答えは、「網膜像から外界を推定するという生後の経験があるから」である。

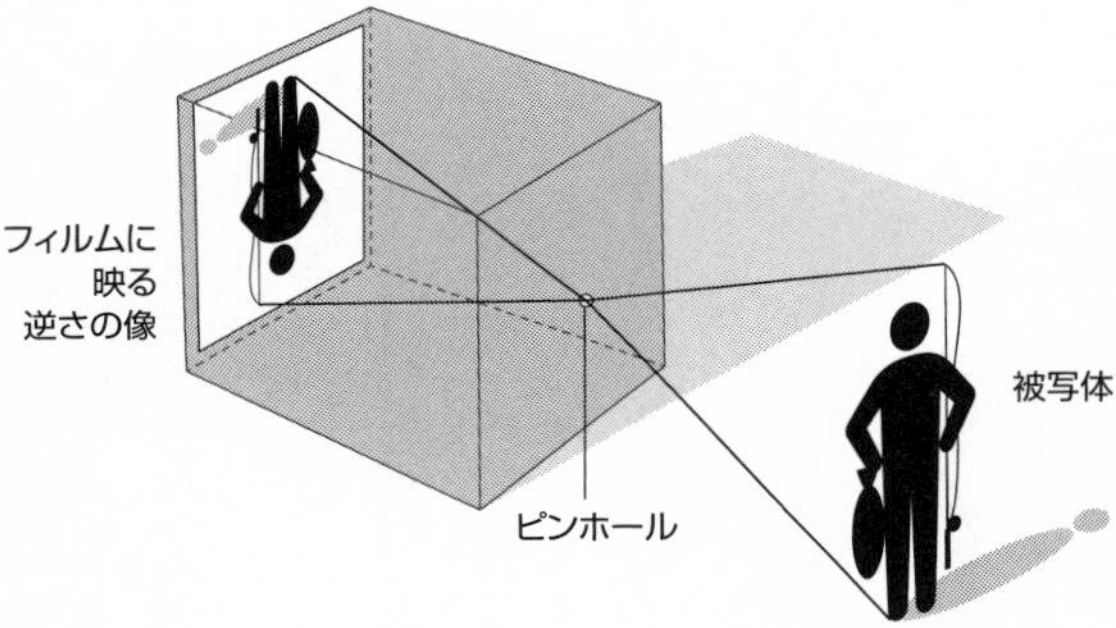

図2-2　外界の対象が網膜で投影されていることを模式的に示した図。ピンホールカメラと同じように上下左右が逆になる

網膜の中心に映る対象は、必ず目の前にある。網膜の中心より左下にあるものは、正面の右上にある（眼は凸レンズなので、網膜像は上下左右逆に像を結ぶ）。こういった位置関係は、生まれてからの経験によって、獲得される。我々は本来、図２−２のように上下左右逆になった網膜像から情報を取得している。しかし、脳内で正しい位置関係に戻す処理が行われている。

有名な研究で、生後まもない時期から壁の模様が縦縞しかない部屋で過ごしたネコは、段差で落ちそうになったり細い橋を渡ることができなくなることがわかっている。さらに、生まれてから完全な暗室でしばらく育てられたネコは、自分に向かってくる対象を避ける反射能力が獲得できない。

有名な「逆さメガネの実験」からも、どこに

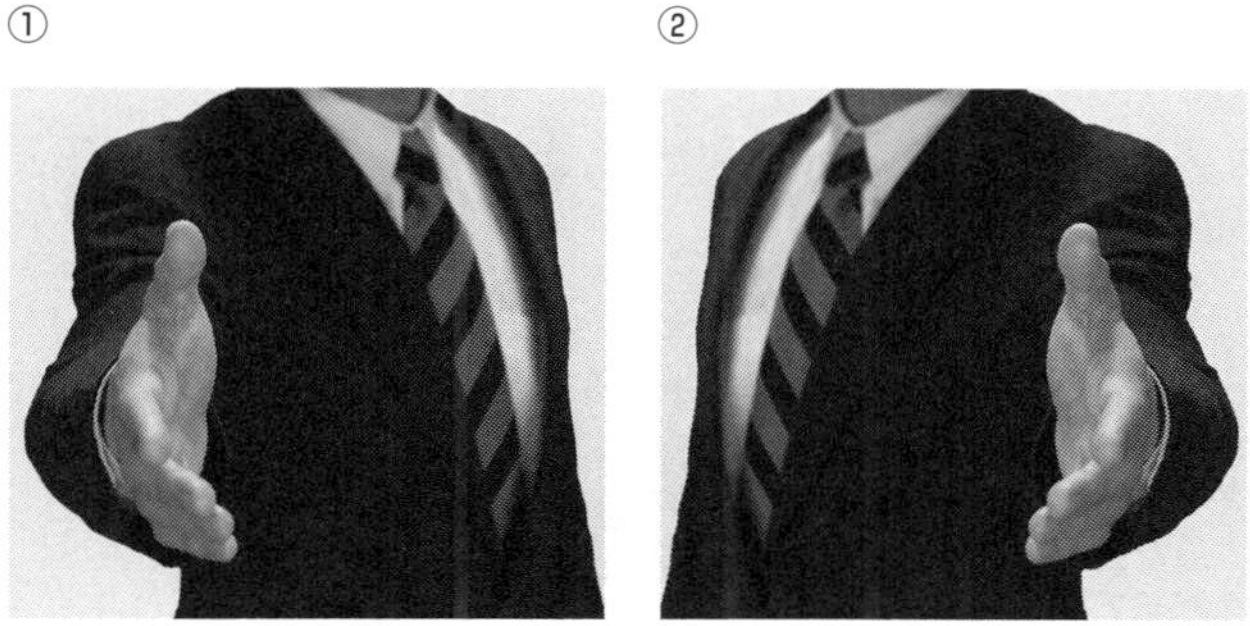

図2-3　左右逆向きのメガネを通して見た世界
（pixta_694305）

何があるかは、経験によって理解していることがわかる。逆さメガネとは、光の屈折を変えることで視界が上下や左右逆さに見えるメガネのことである。

たとえば、次の図２－３①のように、相手が右手を差し出すので右手で握手しようとするときに、左右逆さになるメガネをかければ図２－３②のように見える。右手と左手が逆転して見えるので、手を右に動かそうとすると、反対に動いてしまう。顕微鏡や天体望遠鏡で対象を中心に持ってこようとすると逆に動いてイライラしたことはないだろうか。まさに、同じような状況だ。

この実験の興味深いところは、次第にこの状況に人が慣れることである。このメガネを掛けたまま何週間も生活させてみる。そうすると、

図2-4　最初に上の図を見せられても何のことかわからないが、下の図を見てから、上の図を見ると、立体物を見たときに反応する脳領域での活動が高まる

（Moore, C. & Engel, S.A.「Neural response to perception of volume in the lateral occipital complex」Neuron, 29, 277-286, 2001）

やがて、左右逆の映像にも順応して、ふつうにモノを掴めるし、ボールをキャッチすることもできるようになる。

　このように知識によって見え方が変わる例を見事に示した実験がある。まず最初に実験参加者に図形２－４①を見せる。この図形を見ても、何なのかはまったくわからない。このときに、ＭＲＩを使って脳の活動を調べておく。

　それから、図形２－４②を見せる。そうすると、先ほど見た図形が②の図を白黒二色だけで表現したものであることがわかる。

　興味深いのは、その後である。再び①の図形を見せると、実験参加者の脳は三次元の立体物を見たときに活動する領域が活性化し、実際に三次元の物体が見えると答えたのである。

　この本を読んでいる方も、最初は何だかわからなかった白黒の図形が、立体の物体として見えるようになったのではないだろうか。

これは、②の図形の知識が、白黒の図形を見るという単純な行為にさえ、重ね書きされることを意味している。この実験は、知識のフィルタを通じてモノを見るようになる過程を見事に再現している。

ウォルト・ディズニー社が、黒い円が三つ並んでいる図形の商標権を有しているといわれるが、これは、そのシルエットがミッキーマウスを連想させるからだ、といわれる。このようなばかげた主張が通用するのは、多くの人は確かに三つの黒い円があの配置で並んでいると、ミッキーマウスを連想してしまうからだそうだ。ミッキーマウスを連想しているときには、私たちはミッキーマウスのフィルタを通じて、黒い三つの円を見ている。これが、プロジェクションの働きである。

三種類のプロジェクション

さて、このように、ある対象の表象（三つの黒い円）に別の意味のフィルタ（ミッキーマウス）を重ねるプロジェクションには、少なくとも次の三種類があると考えられる。このことを図2－5に表現した。

これらとはまったく別のプロジェクションも存在するが、それらはまた追って説明する。

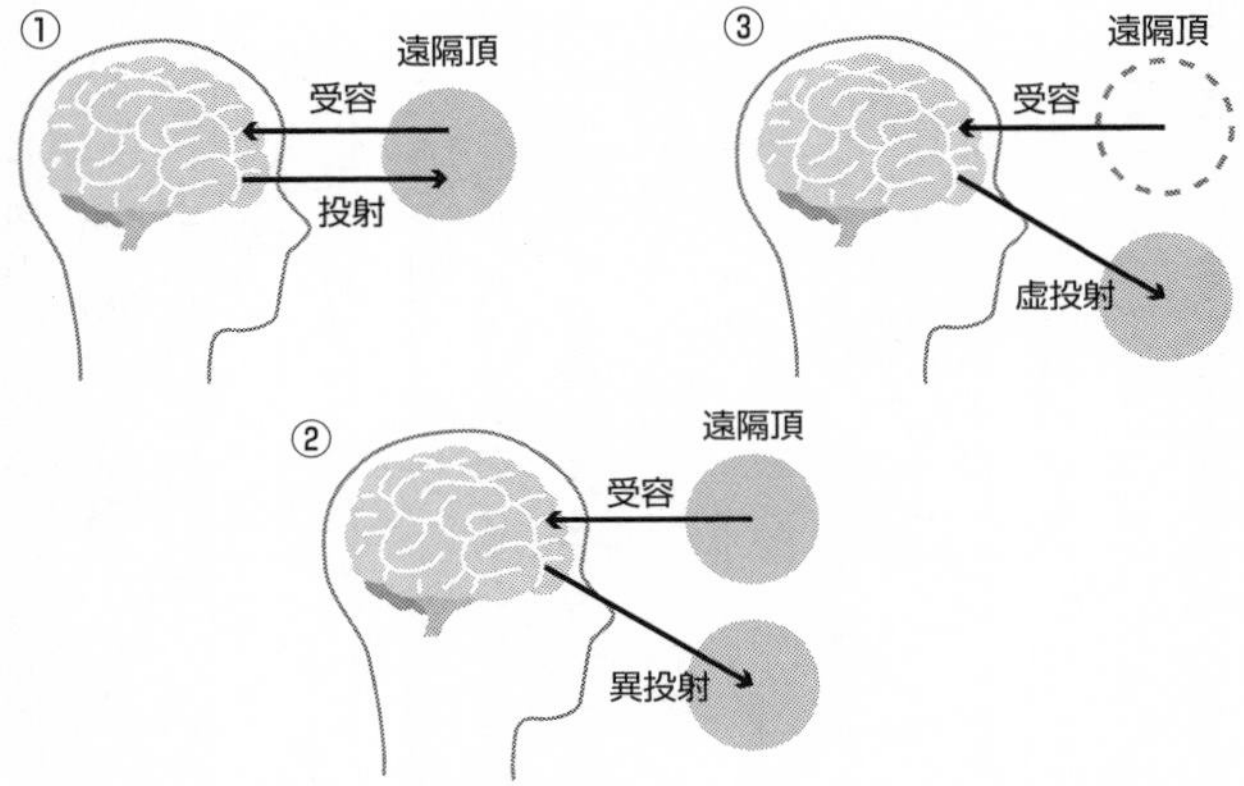

図2-5　三つのタイプのプロジェクション。①は投射、②は異投射、③は虚投射

投射

図2－5①は「投射＝プロジェクション」を表している。これは刺激を与えた外界のコトやモノに、脳がそれを処理した結果をプロジェクションしていることを表している。たとえば、触覚（触られた場所に刺激を感じる）と、視覚（触れられた場所が実際に見える）が一致している場合が当てはまる。

注意すべき点は、現実には知覚していない情報が対象に付与される場合があるという点である。目の前のコップの底面や背面についての情報は直接的には与えられていない。しかし、見えている箇所以外の情報は、コップの表象が脳内に生み出され（推論あるいはシミュレーション）、その情報が目の前のコップに投射される。こうして、底面や背面に穴が開いていないということを前提とした行為（摑む、何かを注ぐ）が可能になる。

こうして物理世界と心理世界が重ね合わされることにより、私たちは円滑に認知、行為を遂行することができる。

異投射

図2－5②は「異投射（mis-projection）」を表している。これは刺激を与えた外界のコト・モノとは異なるコト・モノにプロジェクションをしていることを表す。

ラバーハンド錯覚はまさに異投射に該当する。実際に刺激を与えるコトやモノは、本物の手をなでるという行為であるのに、プロジェクション先は偽のラバーハンドであるからだ。

他のわかりやすい例でいうと、腹話術効果がある。実際に音声を発しているのは腹話術師なのだが、彼の操《あやつ》る人形が話しているように聞こえてしまう。これは刺激の発生源と、プロジェクション先が異なっているために起こる現象だ。

異投射が見やすいのは、モノへの愛着やフェティシズムである。これについては第4章で詳しく論じるが、客観的には何の価値もないようなコトやモノに対してプロジェクションが生じることで、元々の価値とはまったく異なる価値が付与されることになる。

虚投射

明確な刺激の発生源がないのにプロジェクションだけが起きてしまうという事態もありうる。これが2-5③の図である。そんなバカなことがあるのかと思うかもしれないが、実はある。幻肢と呼ばれる現象がそれだ。

事故などで手足を失ってしまった人の多くに生じるもので、ないはずの手足が痛む、痺れる、痒くなるなどの感覚を持つ。稀有な例と思うかもしれないが、手足を失った五〇～八〇%の人たちが経験するという。

これは痛みの発生源となる手または足がないのだから、「虚投射＝(pseudo-projection)」と呼ぶ。また統合失調症における幻覚（特に幻聴）も虚投射と考えられる。

幻聴では、頭の中で考えたことが声として自分に聞こえることがある（思考化声、あるいは考想《こうそう》化《か》声《せい》）。聞こえる声は自分の声である場合と、他人の声である場合があるが、どちらも、刺激の実体（ソース）が認知システムの外部に存在しないという意味で虚投射といえるだろう。

先に、壁を見上げてうっとりしているまる子ちゃんとお姉さんの話を紹介したが、何もない壁を西城秀樹に見立てる様子はまさに虚投射を描き出している。

他にもサードマンという現象が知られている。人は極限下の環境（雪山や南極など）で長時間の活動を行うことにより、実際には存在しない人物が知覚されることがある。

ガイガーは『奇跡の生還へ導く人：極限状況の「サードマン現象」』（新潮社）でこうした例を数多く挙げている。特に変化の少ない環境において、極度のストレスや疲労が生じた場合に、サードマンによる幻覚（＝虚投射）が現れやすくなると述べている。

有名な例としては、人類史上初めて、プロペラ機によって単独無着陸で大西洋を横断したチャールズ・リンドバーグのエピソードがある。彼は横断中に極度の空腹、疲労、睡魔に襲われている状態の中で、自分の周りを動き回る、輪郭だけの人々が現れたことを報告している。これはソースもターゲットも第三者からは観察できないという意味で虚投射と呼べるだろう。サードマンが生み出されるのは、極度の疲労、あるいは退屈（無変化）、強い生存への意志などが関与していることをガイガーは指摘している。

こうした不思議な現象の出現を探るカギは、感覚遮断実験の知見にあるかもしれない。

感覚遮断の実験では、すべての光を遮断し、音を吸収する無響室に実験参加者を入れる。この部屋の周囲には分厚い画用紙が壁一面に張り巡らされ、部屋の壁には吸音パネルが張られている。まったく外部から光も音も入らない環境に十五分間実験参加者は隔離される。その結果、あるはずのないものが見えたり、聞こえるはずのないものが聞こえたりした。

感覚に変化がない状況では、脳はさまざまな幻覚を生み出す。サードマンが現れる状況も、視界が雪で一面真っ白だったり、暗闇の中だったり、聞こえる音も単調な場合（猛吹雪の風音、一定のエンジン音）であり、感覚遮断の実験と類似した状況だった。

通常なら脳に絶えず押し寄せる感覚情報が絶たれると、脳は勝手に刺激を作り出してしまう。その作り出された視覚や聴覚のイメージの投射先が見当たらず彷徨《さまよ》った結果、サードマンとして立ち現れるのかもしれない。

慢性的に孤独を感じる人は、そうでない人に比べて、空想がちであり、自身のペットを擬人化しやすく、社会的な出来事を思い出しやすい、という研究がある。慢性的に孤独を感じる人は、脳のデフォルトネットワークという、何の認知活動もせずにボーッとしているときに活動するネットワークの脳領域の容量が大きい。このネットワークには他者の意図を推測する脳領域（側頭頭頂接合部：ＴＰＪ）も含まれている。孤独とは、主観的に社会的な関係が欠乏していると感じることである。サードマンが現れるほどの状況ではないが、慢性的に孤独を感じる人は不足した社会関係を補うために空想をしているのかもしれない。

想像上の友達（川合）

感覚情報を絶つのではなく、脳への直接的な刺激を与えて脳の状態を変化させることで、幻覚虚投射を意図的に生じさせることもできる。オラフ・ブランケらの研究チームは、てんかん治療のために埋め込まれた電極を通して、左の側頭頭頂接合部（ＴＰＪ）に刺激を与えると、現実には存在しない人の気配を生み出すことが可能だと報告している。

虚投射は何もこのような不気味な例に限らない。発達過程にある子どもにも虚投射が見られる。一部の子どもにおいては、何もない空間に想像上の友達（imaginary companion）を作り出し、対話することが報告されている。

　これらはごっこ遊びと同じだと考えるかもしれない。しかしごっこ遊びにおいて、泥で作ったおにぎりを子どもは絶対に食べないし、それが本物のおにぎりだとは信じない一方で、想像上の友達には名前があり、一貫した性格で子どもはその存在を心から信じて対話もする。

　ごっこ遊びもまさにプロジェクションの良い例ではあるが、両者はそれが空想だと認識しているか、現実だと認識しているかで違いがある。また、ごっこ遊びでは泥団子のように物体に対して投射を行うのがほとんどである一方で、想像上の友達は何もない場所に投射を行う虚投射であるという点で明確に区別ができる。

客観的に自己を見ることはできない（川合）

　ここまで投射、異投射、虚投射を説明してきたが、これらとは少し異なるプロジェクションも存在する。それは、自分自身を、プロジェクションの対象とする方法だ。むしろ誰しも、自身を客観的に見ることはできないので、必ずなんらかのプロジェクションを通じて自身を見つめているといえる。

よく若い女性が、「私は写真うつりが悪い」というのを聞く。しかし、写真は本人をそのまま写し撮っている。つまり、たまたま鏡の前で素敵な表情になった瞬間のイメージ（理想像）を、常に自分のイメージとして保持し、それを鏡を見たときの自身（自己像）に投射しているのだ。そのため、平時の顔（自己像）を見ると、自分自身のイメージ（理想像）と、投射先である実際の自身の顔との間に乖離が生じるので、「写真うつりが悪い」と感じてしまう。

そもそも、私たちは、ほとんどの場合、自身の顔を鏡で見る。つまり「本当の顔」とは異なる鏡映しになった顔が自分のイメージ像となる。そのため、ビデオ会議などの鏡映モードでない（つまり、実際の自身の顔が映る）自分の顔や写真を見ると、違和感を覚えるのである。

道具を持つことで身体が拡張する（川合）

外界の対象や他者だけでなく、こうした自身を投射する行為も二つの種類があると考えられる。まず、身体部位のプロジェクションは、身体の一部（手や腕）を、他のモノに投射する現象である。

このプロジェクションでは、外部の情報から得られる視覚や聴覚情報を、触覚などの内部の情報と結びつける。それによって世界と私たちの身体はつながる。通常、触感覚は刺激を受けた場所に正しく投射されるが、自分の手を不可視にすること、そして刺激と同期した視覚情報が手以外の場所に存在することで、先ほどのラバーハンド錯覚のような錯覚が生み出されることもある。

研究当時、産業技術総合研究所にいた山本と北澤は、興味深い実験を発表した。実験参加者は、図2-6①のように菜箸のような棒を左右の手に持ち、両手をそれぞれ机の上に置く。棒を持った左右の指先に、右→左か左→右の順で、一回ずつ触刺激が与えられる。二つの刺激が与えられる間の時間が十分にあいていると、どちらから刺激が与えられたかは間違いなく答えられる。しかし、その時間差を、〇・一秒、〇・〇五秒と短くしていくのだ。時間差が短くなると判断が難しくなりそうだが、人間は、どれだけ間隔が短くともかなり正確に、左右どちらが先に触れられたかを判断できる。

ところが、図2-6②のように右手と左手を交差した状態で同じ実験を行うと、右手から触られた刺激を、左手から触られたと錯覚してしまう。

これだけでは、視覚だけの問題だとは判断できないかもしれない。手の位置が交差しているという身体の感覚も、錯覚に影響していると考えられる。

この実験の本当に面白いところは、手は交差させずに刺激を与える棒を交差させた状態で、今度は箸ではなく手を叩くだけでも（図2-6③）、同じような錯覚が生じることである。

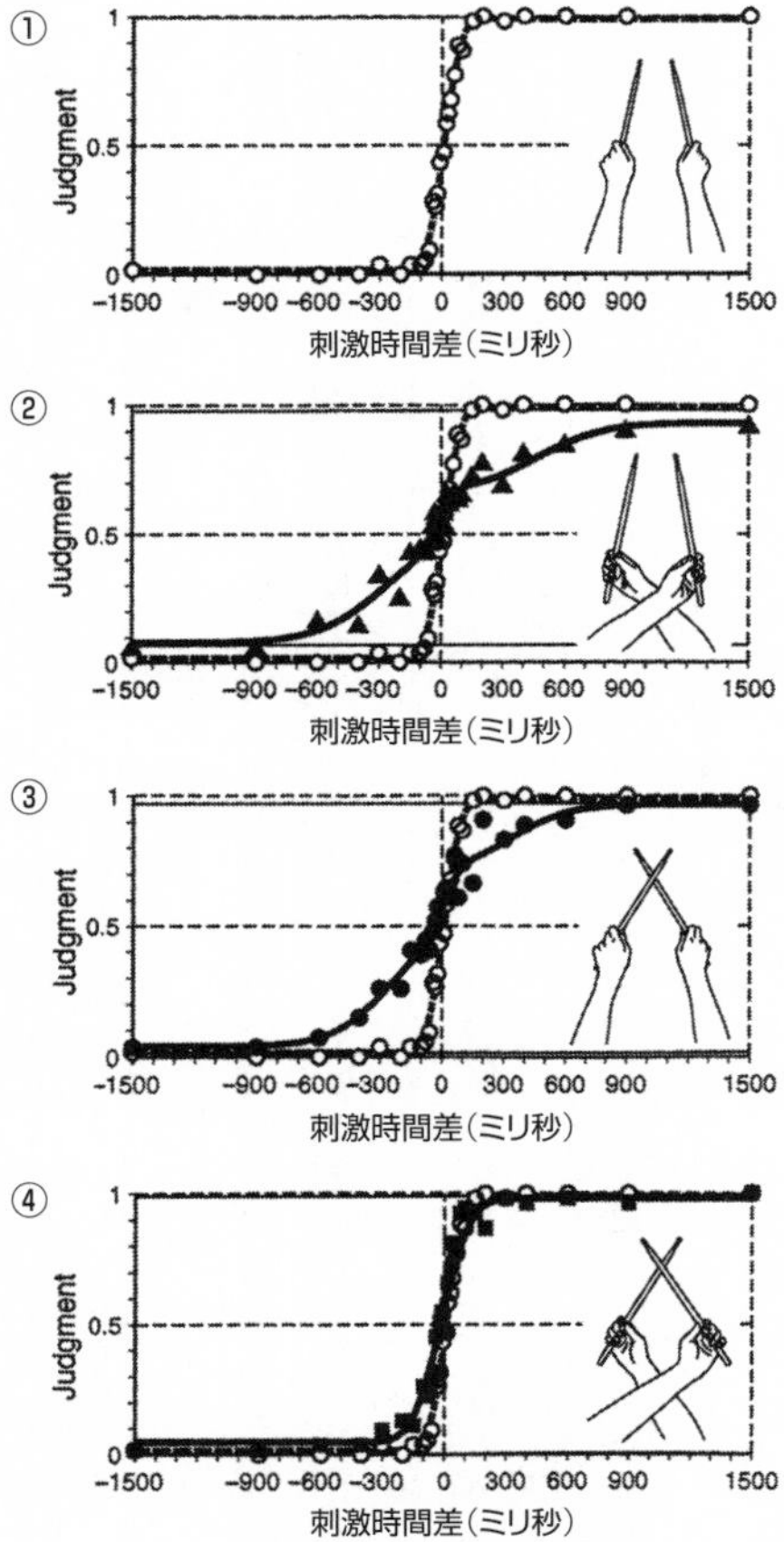

図2-6　Yamamoto & Kitazawaの実験条件と結果の図。横軸が連続刺激の時間間隔で、数字が正であると右側が先に与えられたことを、負の値は左側が先に与えられたことを示す。縦軸は右側が先に与えられたと判断した比率を示す。横軸の0付近で急激に左右の判断が変化している①は、判断が正確であることを表し、ゆるやかに変化している②や③は正しく判断できないことを示している

(Yamamoto, S. & Kitazawa, S.「Sensation at the tips of invisible tools」Nature Neuroscience, 4, 979-980, 2001)

つまり、手の位置は最初の条件とまったく同じなので、手の位置の見た目も、身体内に生じる感覚も変わらない。しかし、手の先の棒が交差されているという視覚情報だけで、左右の順序を取り違える錯覚が生じるのである。このことは、自身の手が棒の先にまでプロジェクションされた結果だと考えられる。無意識のうちに棒も自身の身体の一部だと錯覚してしまっているのだ。

自己の誕生

自身の身体の一部を何かにプロジェクションすることがあるなら、自分の全身そのものをプロジェクションすることもあるだろう。全身のプロジェクションの働きは、自己対象化を通して、心の中に自分を投射対象として登場させるというものである。そしてこのプロジェクションによって、過去、現在、未来という時間軸のフィルタを通して自己を知覚し、自己像は出来上がる。鏡の例で述べたように、自己像が理想像と完全に一致する人はごくわずかなので、欠けている部分、過剰な部分が生み出される。

すなわち自分の心の世界の中に自分自身が入り込むということである。周りにある机、コップと同じように、自分というものが、心の中に存在するようになるのだ。

全身のプロジェクション（＝セルフ・プロジェクションと呼ばれる[*1]）によって、世界を知覚するフィルタの中に自己が登場する。

自己の対象化と名づけてしまうと簡単な話に思えるかもしれないが、実はそこにはとんでもない飛躍がある。自分が自分の心の中に現れるということは、自分の過去の経験、これからの世界への期待を含み込んだ今現在の自己以外の自己が、心の中に現れることを意味する。このことについては第3章で詳しくとりあげる。

大森の「重ね描き」説

さてここまで読んできた読者は、プロジェクションはどうやってできるの、という疑問が湧くと思う。言うまでもないが、私たちはプロジェクターのように、光を発して、表象を世界に映し出すことはできない。だったらプロジェクションなんて不可能でしょ、と言われても仕方がない。

実は私もプロジェクションの概念を提唱したとき、この件に関してはまったく見当がつかなかった。だから学会などで発表したときに、そういう質問が来るのではないかとドキドキしていた（そのときには、「プロジェクション・サイエンスの今後の課題」みたいなことを先に言って、逃れたりした）。

この問題に解決の糸口（というか解決そのもの）を与えてくれたのは、大森荘蔵《おおもりしょうぞう》の学説だった。彼は一九六〇―八〇年台あたりに活躍した哲学者であり、その独特の視点、卓越した識見、そして、洒落の利いた語り口で、一部の人からは熱狂的に賞賛された人物である。二〇二一年には彼の生誕百年を記念して、『現代思想』という約五〇年の歴史を持つ由緒ある雑誌に特集が組まれるなどもした。

やや脱線になるが洒落の利いたというのについて、一つだけ紹介したいことがある。彼はすべての人間の認識を脳の働きに還元するというアプローチに対して懐疑的であったが、そういう無謀な（?）アプローチを「脳産教理」と呼んだ。なんでも脳が生み出すという教理と読めるが、発音すると「ノーサンキョウリ」少し変えて「ノーサンキュー」となる。私の勝手な解釈であり、正しいかどうかはわからないが、大森ならばそのくらいのことは軽く言うだろうという確信はある。

さて本題に戻ろう。プロジェクションのメカニズムを考えるとき、大森の提唱した「重ね描き」は大きな意味を持った。大森はその独自の立場から、重ね描きについて、赤メガネをかけた状況を想定して次のように述べている。

> 赤メガネが赤く見えるということはすなわちそれに重なって透視的に見える風景が赤く染まって見えるということに他ならないのだから。そしてその赤く染まった（たとえば）白紙は「実

物」である。同じ一つの実物がメガネをはずした状況で「透視」されれば白く見え、赤メガネを「透して」みれば赤く見える。（中略）同一の「実物」が異なる前景を「透かして」みれば異なって見える、それだけのことである。」

（大森荘蔵『新視覚新論』講談社、一九八二、１３５ページ）

そしてこれに続けて、

脳に異常が生じ、それが透明でなくなる時、それを「透かして」見る外部風景に変化が生じることは赤メガネの場合と全く同様、「すなわち」の関係によってである。もはや透明でない脳という前景、それはすなわち、透明な前景の姿とは異なった遠景が見えるということなのである。

（同著、１３６ページ）

と述べる。大森は著作を通して、知覚を「脳」、表象を「原因」として二項が因果的な関係にあるのではなく、脳と原因は論理的な関係にあるのだと主張する。だから「すなわち」という言葉が出てくる。大森は表象を認めないどころか、主観―客観の区別を否定するという立場（つまり主客が一体化している）から論を進めており、この本のような物理世界と心理的世界（表象）を分けて考える立場の対極に位置する。

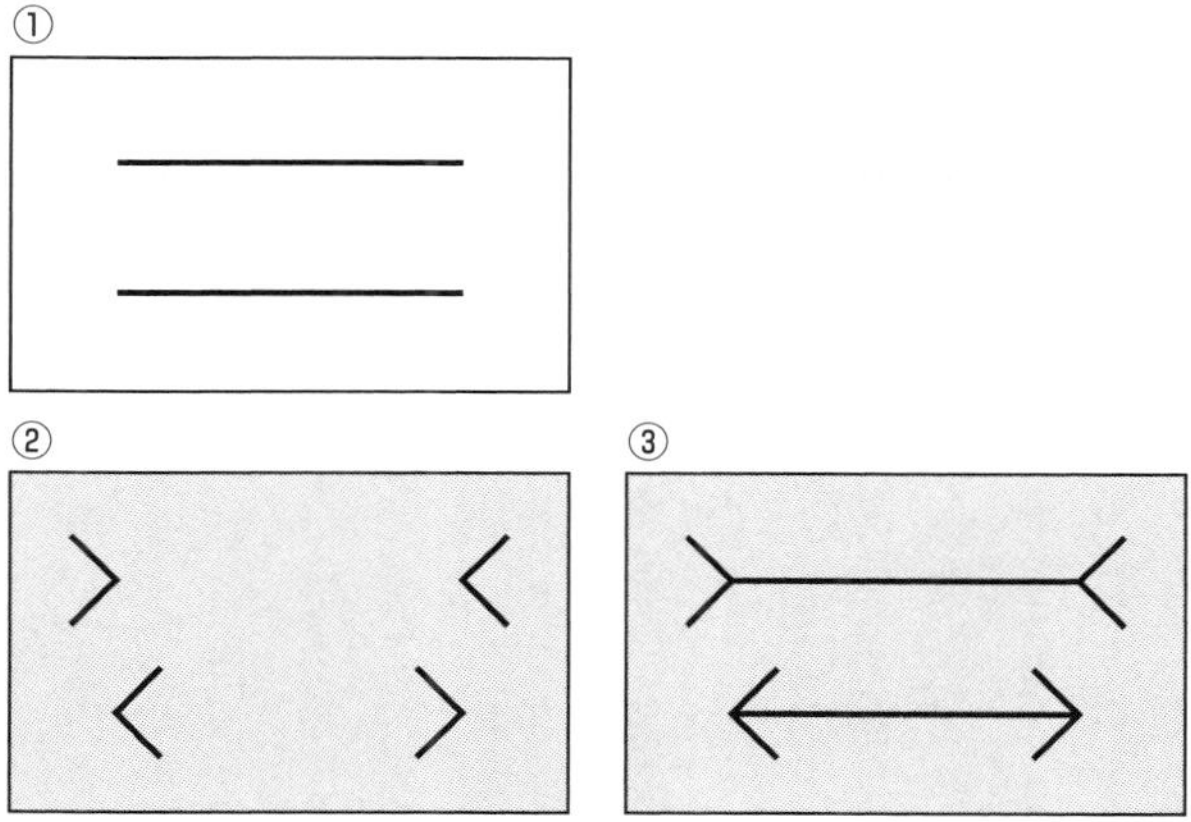

図2-7　①に② を重ね描きすることにより、①にはなかった性質が生み出され、私たちは③を知覚する

またある別の部分では「『投射』などと意味不明の言葉を口走る羽目になる」とまで述べている（同著、１３６ページ。傍点は筆者）。

ただし主観と客観の二つの世界を一体化するという意味では、大森と本書は問題意識を共有している。大森は主客が一体化していることを世界、人のあり方として（存在論的に）描き出した。一方、本書では私はそれを認知科学的に描き出すことを目指している。

このことを赤メガネではない別の例を用いて説明してみよう。図２－７①に示したように、二本の同じ長さの水平線を描いてみる。その上に透明なセロファンに書いた図２－７②を重ねてみる。すると図２－７③の形が現れる。

この重ね合わせによって、初めにはなかった両矢印のような形が生み出される。すると、二つの水平線の見かけ上の長さが変化し、上の水平線の方が長く見える。つまり何かを重ね合わせることにより、別の形が生み出されたり、性質（この場合は線分の長さ）が変化したりする。重ね合わせる前とは異なるものが知覚されるのだ。

①に示した二つの平行線を客観世界、頭の中で考えたことが②となる。これの重ね合わせによって、どちらの世界でもない世界、つまり私たちが体験する世界③が生み出される、ということだ。

知覚とは脳内のシミュレーションである

さて、改めて心の世界とはどういうものなのだろうか。図2－7①に②を重ね描きすることにより、①にはなかった性質が生み出され、③として私たちは現実を知覚した。

この問題を考える際の重要な知見は、身体性認知科学、特にグラスゴー大学のローレンス・バーサローの知覚的シンボルシステム理論（perceptual symbol system）、その発展系である「状況化された概念化論（situated conceptualization）」から得られる。図2－8を見てほしい。

この理論は、「人間の経験とは、それがなされたときの各感覚における神経の興奮状態である知覚的シンボルがなす、ネットワーク（つながり）である」と考える。

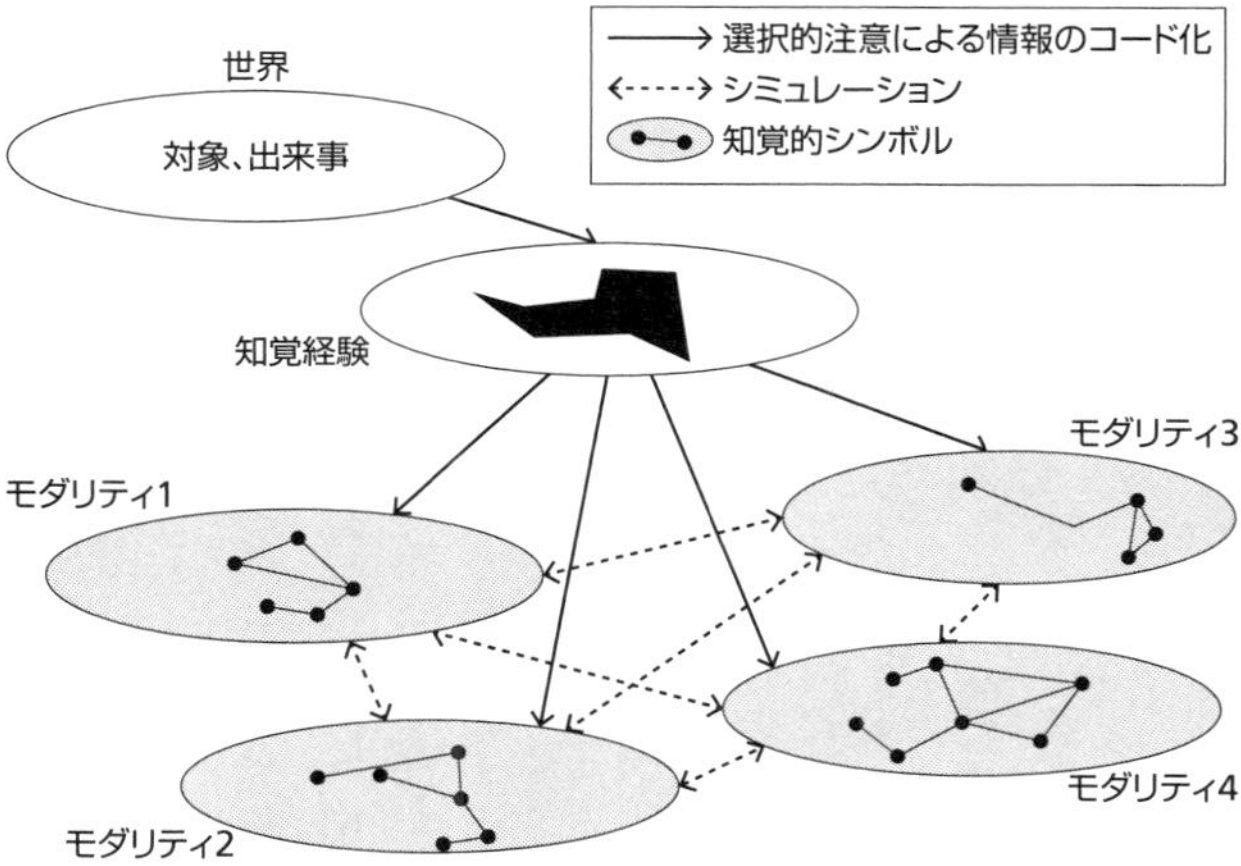

図2-8　各感覚モダリティの神経状態がシミュレーションによって再活性化する

たとえば何度も取り上げているが、リンゴには視覚情報だけでなく嗅覚情報もあり、それを手に取れば皮膚感覚、深部感覚も得られる。さらにそれを食べれば、味覚、食感、聴覚に関わるさまざまな知覚的シンボルを脳内に生み出し、ネットワークを形成して相互に結びつく。

そして、このような経験を通して、相互の情報が結びつくネットワークが形成される。そうすると、その一部だけが与えられても（たとえばリンゴの写真）、リンゴの食感や味を想起するシミュレータが作り出され、それが全体としてのリンゴの概念となる。ここでのシミュレータは、各々の感覚処理系の貯蔵庫に分散して貯蔵されている知覚的シンボルを相互に関係づける、いわばリンク集のようなものとして働く。

こうしたシミュレータがあるので過去の経験

と類似した部分的な情報さえあれば、ネットワークを再活性化することで全体のイメージが生み出される。この過程はシミュレーションと呼ばれる。

ネットワークの活性化においては必ず、それがなされる状況の要素、特に主体の内部状態や身体の状態が重要な役割を果たす。一方で、外界の情報はいつでも同じように処理されるわけではない。よく考えてみれば当たり前のことだが、豪華な料理の写真を見ても、満腹時と空腹時では、どの程度おいしそうに感じるかは異なる。

アメリカで9・11同時多発テロが起きた以降に行われた実験では、一人でいるときに比べて、友人と一緒にいるときの方がアラブ人の男性（ターバンをかぶり髭《ひげ》を蓄えた）の写真から推定される身長が小さく感じられたという。友人と一緒にいるとなんとなく気が大きくなるためだろう。心のどこかで危険を感じる相手に対して、心理的な変化が生じ、写真の人物を小さく感じたのである。

バーサローは、こうした理論の拡張を通して、知覚、行為、学習、記憶、概念、言語などさまざまな分野で得られた知見を再解釈している。

この理論をプロジェクションの観点から捉え直してみよう。人が状況を知覚するときにはその場の情報だけでなく、ネットワークの活性化を通して過去に経験し、貯蔵されている感覚情報、気分、身体状態なども同時に活性化される。つまり体感レベルの理解が脳内に生み出される。さらにそれに推論（考えたこと）の結果も加わる。これが意味に彩られた世界を知覚するベースとなるのだ。図2−7では③に相当する。

愛着のあるぬいぐるみに対する特別な思いや感情について、知覚的シンボルシステムの理論に基づいて考えれば、これらの物体の知覚はぬいぐるみにまつわるさまざまな経験がもたらす神経状態を活性し、それらを結びつけるということになる。その中には、ぬいぐるみにまつわる記憶、ぬいぐるみと遊んでいたときの感情なども含まれている。これらが重ね合わされることにより、単に物体の物理的な特徴を超えた、意味に彩られた経験世界が生み出される。

なんらかの障害により、このネットワークの活性化が正常に行われない場合には、特異な心的状態を生み出すことになる。

カプグラ症候群という、稀な障害を持つ人は、友人や配偶者など自分の近しい人物が外見だけ瓜二つの別人になり代わってしまっていると錯覚してしまう症状が現れる。自分の近しい人だけにその錯覚が起こり、まるでそっくりさんのように見えるというのだ。

神経科学者であり精神科医でもあるラマチャンドランによれば、カプグラ症候群の患者では、近しい人の写真を見たときに、健常者であれば見られるはずの感情的反応の指標となる皮膚電位反応が見られないという。

一方で、この患者たちの視覚処理系、感情処理系には何ら異常が生じていない。つまり視覚的な判断は正常であり、物体、人、情景を正しく識別できるし、感情を喚起するような刺激に対しては、健常者と同様の反応が得られるのだそうだ。

ラマチャンドランはこれについて、二つの処理系が通常であれば同時に活性化するのであるが、カプグラ症候群では視覚処理系と感情処理系の二つをつなぐ経路に異常が生じ、同時に再活性することがないためであると論じている。つまり視覚上は近しい人となるが、それを見たときに無意識的に生じる感情状態が惹起《じやつき》されないため、認識の上ではそっくりさんとなるのである。

フィルタを通して私たちはモノを見る（川合）

ネットワークの活性化によって作り出された豊かな表象が重ね描きされることによって、私たちは物理的世界を意味に彩られた世界として認識できる。これがプロジェクションの考えでもある。つまり、シミュレーションは意味のフィルタのような働きをし、図2-7③のような知覚経験を生み出しているのだ。

表象のネットワークは、対象そのもののさまざまな情報（リンゴの見た目、匂い、味）だけでなく、状況や周りのモノ・コト、自身のそのときの状況などによっても活性化する。

たとえば、図2-9①を見てほしい。夕食を買いに近所のスーパーに行ったときに、妻がこ

①　②

図2-9　酒瓶ケース。②は正しい置き方であるが、①のように上下逆さまに置くと、顔のように見える

れを見て「数学の試験ができなくて困っているときの顔だ」と言った。最初はなんのことかわからなかったが、瓶を入れるプラスチックの箱が人の顔に見えたという。たしかにそのように見える。

　このようにモノが顔のように見える現象をパレイドリアという。面白いのは、この箱が逆さま（箱の用途としては正しい向き）に置かれている、図２－９②の写真ではなかなか顔に見えないことである。

　顔は、私たちが生活する上で、とても強烈な社会的信号であるので、「顔のようなモノ」に対する感度が鋭くなる。結果、私たちは、なんでもかんでも顔に見えてしまう。しかし、なんでもかんでもといっても、一定の規則があり、「眼」と「口」の配置関係が重要である。

さて、そのような一定のパターンの基準を満たしたときに、私たちの「顔フィルタ」は強力に発動するので、図2－9①の写真は、すぐに発動する社会信号がフィルタとなって、瓶ケースが顔に見えてしまう。しかし、図2－9②の写真は、顔のパターンの基準を満たさないので、顔には見えず、あるがままの瓶ケースに見えるのだ。

上下逆転するのでなく、同じ対象でも周りにあるもののせいで違ったものに見えることはよくある。そして、それは単に周りにあるものだけでなく、自身のこれまでの経験や願望、信念などのネットワークによっても、さまざまなフィルタが作り出される。

もう一つ別の例を出そう。次の図2－10を見てほしい。認知心理学者にして教育心理学者であり、社会心理学者でもあるジャック・ブルナーが発見した文脈効果を示す図である。図2－10②の真ん中の文字はBと読めるだろう。しかし2－10③の真ん中の文字では13と読んでしまう。

これは、上下や左右の文字ネットワークがフィルタとなって、真ん中の文字の見え方を変えてしまうからだ。

同じ対象でも周りにあるもののせいで、違ったものに見えることはよくある。そして、それは単に周りにあるものだけでなく、自身のこれまでの経験や願望、信念などのネットワークによっても、さまざまなフィルタが作り出されることでも異なるモノに変化して知覚されるのだ。

図2-10　ブルナーらの実験で用いられた図。中央の文字は、横に見るとBだが、縦に見ると13に見える

(Bruner, J.S. & Minturn, A.L.「Perceptual identification and perceptual organisation」Journal of General Psychology 53, 21-28. 1995)

そして、そのようなフィルタによって重ね描きされたものとして世界を知覚することで、世界が意味に彩られると考えられる。こうして、物理的状態と心的状態が重ね合わされた、意味に彩られた世界の知覚が得られるという考えがプロジェクションだ。

これを図2－11に示した。外部の情報（obj_t_0）を受け取ることにより、関連した情報が活性化し、フィルタのように働く。この働きによって世界はそのフィルタの情報が重ね描きされたもの（obj_t_1）のように見える。そして外部の情報が知覚されることにより、新たなフィルタがさらに付け加わり、世界はobj_t_2、obj_t_3のようにどんどんと姿を変えて私たちの前に現れるようになる。

こうした相互作用の存在を示すデータがある。

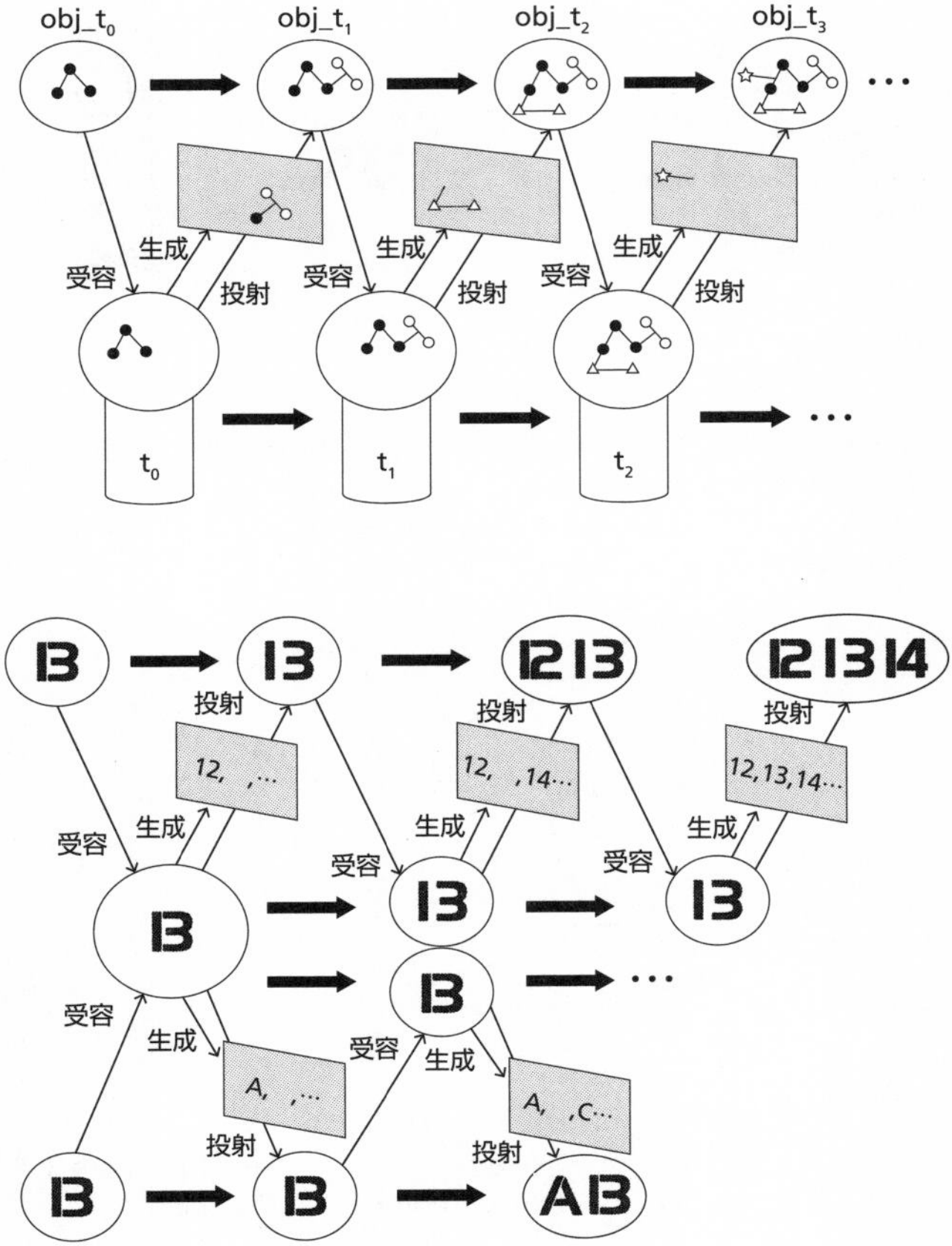

図2-11　フィルタの漸次的更新による認識の変容

嗅覚の障害で匂いがまったく感じられなくなることがあるそうだ。その人たちは、単に匂いがしなくなるだけでなく、味もしなくなるという報告が得られる。これはまさに嗅覚という情報をきっかけとして動くはずのネットワークの活性化が行われなくなるからだと考えられる。

ラバーハンド錯覚が起こる仕組み

ラバーハンド錯覚では、偽の手を見つめる視覚の上に自分の手に感じる感覚が重ね描きされる。これによって、体性感覚が視覚的な像の方にずれた知覚が生み出される。

この状態が続くことで、まるで偽の手が刺激を受け取っているように感じられて、自分の手であるかのような錯覚を起こす。

遺品、形見なども同様の仕組みが働いている。視覚からそれらを知覚することにより、亡くなった人に関わる別の知覚的シンボルが活性化し、その人の姿、声、自分との関わりに関するエピソード、感情などがシミュレーションによって活性化する。こうしたシンボルが遺品に重ね描きされると、単なる物体に過ぎないモノが特別な価値を持つようになる。そして捨てることなど到底考えられなくなる。

以上のことを別の言い方をすれば、重ね合わせにおいては、物理的刺激からボトムアップに得られる情報と、これまでの経験から作り出されるトップダウンな情報が統合されて知覚が成立する、ということになる。これはヘルムホルツが述べた、無意識的推論として知覚を捉える立場と部分的に同じである。違いは、推論結果が知覚なのではなく、推論と知覚が共存するという点だけである。

ここで注意すべき点は、こうした重ね合わせによる知覚はサイクルを為す「循環的過程」だということである。図2－11に示したように、あるフィルタが重ね描きされることにより、いくつかの情報が付け加わり、またいくつかの情報は抜け落ちる。

そしてまた世界を知覚することで、また新たなシミュレーションが行われ、それがフィルタとして重ね描きされ、新たな知覚が生み出される。こうした循環の過程が知覚なのだ。

もう一つ大事なのは、この考え方によって俗にデカルト劇場と呼ばれるパラドックスを解消できることである。デカルト劇場とは、脳の中に外界の像が出来上がり、それを脳内の小人が見ていると考えれば、人間の認知はうまく説明できると考える心身二元論を批判する立場から生まれた仮説だ。

なぜ脳内に小人がいると矛盾が生まれるかといえば、その像を見る小人が脳の中に存在しなければならなくなるが、その小人は私たちが視覚情報処理を行うのと同じような仕組みを持たなければならない。だとすると小人の脳の中にも同じくその像が出来上がることになる。するとその像を見るさらなる小人が必要になり、無限後退のようなことが起きてしまう。

重ね描きの立場ではこうしたことは起こらない。情報処理システム、つまり脳が作り出すのはフィルタなのであり、知覚像、あるいは実在のコピーのようなものではないからだ。

フィルタを作ればなんでも重ね描きができるかといえば、そういうわけにはいかない。「心頭滅却すれば火もまた涼し」ということは起きない。図2-7でも重ね描きをする②の図形の位置が少しでもずれれば③のような現象は生じない。だから見たいように見るというのは不可能なのだ。

大森の重ね描きのところで出てきた赤メガネを例に取りたい。赤メガネをかければ赤い世界が体験できるかといえば実はそうではない。世界は完全に赤くはならない。白いものは白く見えるし（ピンクにもならない）、青いものは青く見える（紫にもならない）。これは色の恒常性という知覚心理学において古くから知られる不思議な心理現象なのである。

たとえば、図2-12のトマトの写真は白黒で印刷されているので、赤色に見える成分はほとんど含まれていないが、トマトを見ていると認識することで、過去の経験などのネットワークが想起され、赤色であるかのように見える。

一方で、人間の顔などは、特に強烈に知識先行型の認知をするため、図2-13の二人の大統領経験者の顔の色は、輝度の差でいえばほとんど違わないが、白人とアフリカ系アメリカ人の肌の色に見える。いくらそう見たいと望んでも、二人の顔がトマトのように赤く見えてくるこ

図2-12　トマトは白黒写真であっても、「赤く」見える
（pixta_38378781）

①　②

図2-13　①トランプ元大統領と②オバマ元大統領
(Library of Congress)

とはないだろう。

---

*1―セルフ・プロジェクションという概念はランディ・バックナーとダニエル・キャロルが二〇〇七年に提唱した概念である。詳しくはBuckner, R. L. and Carroll, D. C. Self-projection and the brain. Trends in Cognitive Science 11, 49–57. 2007を参照していただきたい。なお、バックナーとキャロルが提唱した「セルフ・プロジェクション」は、「自己を時間と空間の異なる場所に方向づける能力」と定義している。たとえば、過去の出来事を思い出したり、これからすべきことを想像したり、他者が自身をどのように見ていると考えるかなどである。これらは、共通する神経回路網に基づいて処理されていると提唱されている。

第3章 自己と身体

二種類の自己の在り方

プロジェクションの原理がわかったところで、日常でどれだけこの現象が起きているのか、なぜこのような現象が生じてしまうのか、具体的に見ていきたい。これらを考えることで、私たちの認知の仕組みに迫ることができる。

　これまでに、外界にあるモノが自身の経験や価値観によって、他の人とは違ったものとして認識されることについて説明してきた。しかし、ラバーハンド錯覚で見たように、モノではなく、自身の身体の一部も他のモノ（ラバーハンド）にプロジェクションされることもある。つまり、自身の身体の境界が道具の先にまで拡張されたことになる。これはテニスの選手や料理人が、ラケットや包丁の先まで自身の手であるかのように感じていることと一致する。しかし、ここまで説明したように、自身の身体の一部だけでなく、自分自身の身体や自己全体が他にプロジェクションされることもあるのだ。たとえば、化粧や衣装を纏《まと》うということは、自己のプロジェクションとも捉えられる。

　この章では自己と身体という哲学的難題を、プロジェクションという観点から考えてみたい。まず最初に自己の二つの側面、ミニマル・セルフとナラティブ・セルフについて簡単に解説をする。

自己についての議論は哲学の中でずっと行われてきたことだ。自己はない、または要らないという立場もあれば、自己は実体として存在するとか、なんらかの神経、心理的なプロセスの副産物だという説もある。

また自己は一種類しかないわけではなく、何種類かの自己が存在すると考える人たちも多い。ただここではそうした議論には深入りせずに、ショーン・ギャラガーの唱える最小限の自己＝ミニマル・セルフと物語的自己＝ナラティブ・セルフの二つを取り上げる。

私たちは自己が存在することを自明だと思っているが、いつでも「自分が」、「自分は」と主語をつけて生活しているわけではない。ただこうした主体として行動する自己は意識、無意識にかかわらず存在する。

こうした自己はミニマル・セルフと呼ばれる。たとえば左手の甲に蚊が止まったとしよう。するとあなたは反射的に右手で自分の左手を叩くだろう。

これを行うためには、蚊の止まっている位置だけでなく、自分の左手、右手がどこにあるのか、どのようにそれを動かすのか、どのくらいの力、スピードで動かすのか、そうしたことを認識していなければならない。ここで認識という言葉を使ったが、いちいち口に出したり、意識したりすることを意味するのではなく、暗黙のうちに知っているという意味である。

ミニマル・セルフを構成しているのは、身体所有感と運動主体感と呼ばれるものである。身体所有感は、自分の身体のパーツが自分のものであるという（暗黙の）認識である。一方、運動主体感というのは自分の身体を用いた行為が、自分によってなされたという認識である。

蚊が止まっているのは「自分の」左手であるというのが身体所有感、蚊を叩いたのは「自分の」右手であるというのが運動主体感である。ふつうはどちらも明確に意識されることはない。

もう一つの自己はナラティブ・セルフと呼ばれている。これは自分の記憶、希望、期待、他者の目、習慣、文化などを寄せ集めて作られたものだ。「コロナでさっぱり外出しなくなったから、お腹が弛《たる》んじゃった」といったセリフに表れる自己のことである。

ここでは自己が対象化され、意識の上にのぼり、分析される。そして、それらに基づいて自分の身体＝自己に働きかけをする。

例に挙げたナラティブ・セルフの特徴は、「弛んだお腹」からわかるように、過去の自分（弛んでいないときの自己の記憶）、現状（弛んだお腹）、そして未来の姿（弛みのないすっきりとしたお腹）、そうなるためのプラン（ジョギング、腹筋、ダイエット等々）などが入り混じっている。つまり時間的な広がりがある自己なのだ。これはミニマル・セルフが「イマ・ココ」にとどまっているのと対照的だ。

ギャラガーが考える自己の二つの側面は認知科学の研究、脳科学の研究の知見とも整合的な部分が多く、自己を研究する多数の科学者たちから受け入れられている。

ミニマルセルフ：遊離する自己と身体

自己と身体は不可分の関係にある。自分の身体は自分のものだと確信しており、目の前のコップとか、隣の人の足を自分の一部だと考えることはない。これが身体所有感である。また自分の身体は、無理な運動でなければ、自在にコントロールすることができる。手を目の前のコップに伸ばして掴むし、足を組もうと思えば片方の足をもう片方の足の適切な位置にのせることができる。そしてこれは自分が自分の意思で行っていることに疑いを挟む余地はない。行動は運動主体感に基づいている。

しかし第2章で見たラバーハンド錯覚では、簡単な仕掛けで身体所有感が自己ではないモノに転移することを示している。

繰り返しになるが、ラバーハンド実験の結果をまとめてみよう。実際に触れられている場所とは異なる場所＝ゴムの手、に自己が感じるはずの感覚が生じている錯覚を実験参加者は覚える。そしてこれが成立した後に、ゴムの手にハンマーを打ち下ろす、あるいはナイフで突き刺すなどを行うと、実験参加者たちは強い情動反応（驚き、恐怖）を示す。

これはゴムの手が自分の手であるように感じていること、つまり所有感がゴムの手まで拡張されたことを示している。

また実は拡張が起こるのは、ラバーハンドのように物理的に存在する手のような形のものである必要はない。コンピュータのスクリーン上、あるいはＶＲゴーグル上に映す手で、同様の手続きを用いても錯覚が生じる。(ラバーハンド錯覚 (Rubber-Hand Illusion) がＲＨＩと呼ばれるのに対して、こちらはＶＨＩ (Virtual-Hand Illusion) と呼ばれる)。

これは自分の手の感覚がラバーハンド、あるいはＶＲ上の手に異投射されたことを示している。これらは身体部位のプロジェクションの例だが、こうした異投射は手に限った話ではなく、さらに全身にまで広がることを示す実験も行われている。

コンピュータ上に自分の全身を映した映像を表示して、それを見てもらう実験を行う。この実験の参加者は、自分の身体が実際の位置よりも前、あるいは後ろにあると感じられることが報告され、全身錯覚 (full-body illusion)、幽体離脱経験 (out-of-body experience) などと呼ばれている。

実験の内容を詳しく見てみよう。図３－１のような環境を用意する。実験参加者はＶＲゴーグルを通して、後方に置かれたカメラが映す自分の背中がスティックで突かれている様子を観察する (むろんこれと同時に背中にスティックで触刺激が加えられている)。すると、目の前に映る自分の背中が押されているため、自分自身がその押されている自分の位置にいるかのように感じる。つまり、自分の身体が前に飛び出してしまったように感じる。そのため、自分の

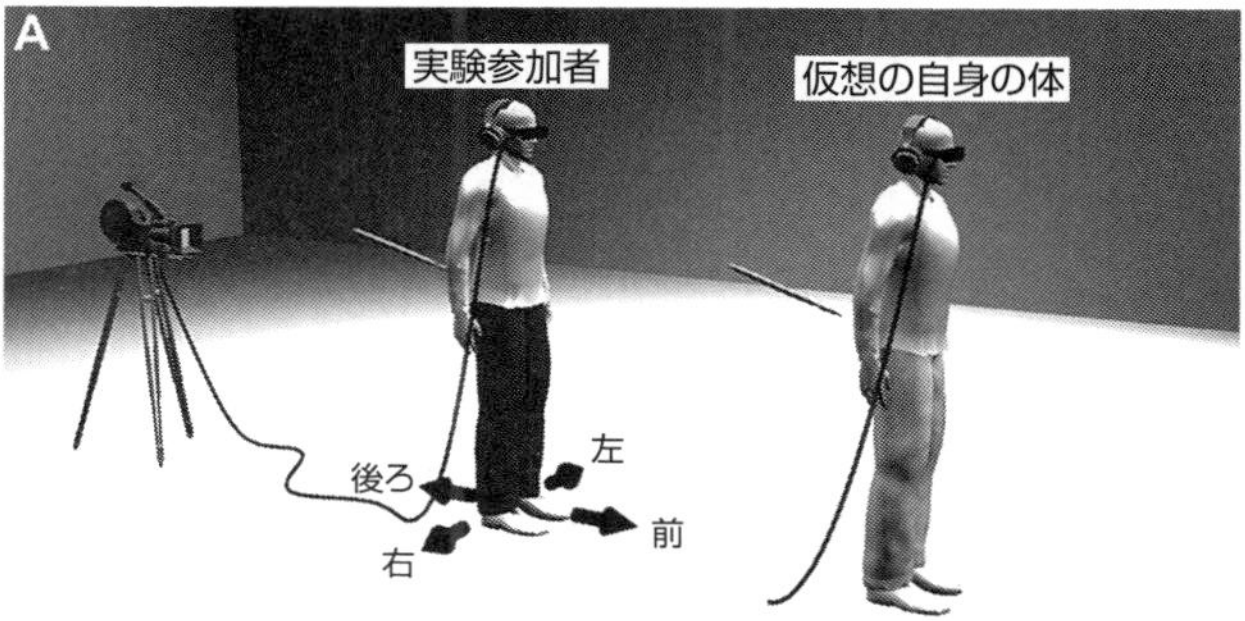

図3-1　VRゴーグルによって全身が錯覚を受ける
(Lenggenhager, B., Tadi, T., Metzinger, T., & Blanke, O.「Video Ergo sum: Manipulating bodily self-consciousness」Science, 317, 1096-1099, 2007)

身体の位置が部屋のどのあたりにあるか示すように言われると、実際の位置よりも前方だと答えてしまう。これは突かれている背中の画像が自分の前に見えるからだ。

これらの実験の結果は、自分の身体から得られる情報を、自分とは異なるものへと異投射していることを強く示唆している。ラバーハンド錯覚では自己の身体の所有感がゴムの手にプロジェクションされているし、幽体離脱の実験では自分の身体の位置が、自分の前方に見えるゴーグル型モニターに映る像にプロジェクションされている。

こうした錯覚は手や全身の他にも足、舌などさまざまな部位で確認されているが、多くの場合は視覚と触覚という二つの感覚が関わっており、触覚が視覚によって誘導されることを示している[*1]。

身体部位のプロジェクションは、外部の情報から得られる視覚や聴覚と、触覚などの内部の情報を結びつけるものであった。それによって世界と私たちの身体はつながる。通常、触感覚は刺激を受けた場所に正しく投射されるが、自分の手を不可視にすること、そして刺激と同期した視覚情報が手以外の場所に存在することで、錯覚が生み出される。

なぜあなたの写真うつりはよくないのか

以上のことから考えると、実はなんでもないふつうのときにもプロジェクションが起きていると考えるのが自然だと推察できる。このプロジェクションのソース（源）は自分の身体感覚（あるいはそれの脳内表象）であり、ターゲットは自分の身体ということになる。

むろん日常生活では誰も自分がプロジェクションをしているとは意識していないが、それはあまりに自然に行われるので意識化されていないに過ぎないからだ。しかし身体所有感というあまりに当たり前で、意識に上ることなどほぼないような感覚であっても、それはプロジェクションが生み出しているのだ。

第2章で述べたように、ほとんどの人は自身の鏡映顔を本当の自分の顔だと思っている。鏡で見た左右反対の顔を自身の顔にプロジェクションして、それが正しい自分の顔だと認識している。これも、日常生活で自分自身をプロジェクションしている例と考えられる（だから、いつでも「写真うつりが良くない」となる）。

道具という手足

もう一つわかりやすい例を挙げてみたい。それは道具の使用である。道具、それも使い慣れた道具を想像してほしい。自分の身体の感覚は道具にまで延長している。テニスプレイヤーが使うラケットなど、道具を使うスポーツはその好例である。自分の腕を操るのと同様に、いやそれ以上にプロスポーツ選手は巧みに道具を使う。

ラケットの長さは一般的に七〇センチメートルくらいであるが、その中のスイートスポットと呼ばれる狭い範囲内にボールが当たるように選手たちは巧みにラケットをコントロールする。これは身体の拡張、道具の身体化などと呼ばれているが、自分の身体、運動感覚を、ラケットまでプロジェクションしているから可能になる。

しかし、そういうプロの選手たちだけがプロジェクションをするわけではない。箸で何かをつまむ、鉛筆で字を書く。こうしたときにも箸や鉛筆の長さを計算し、それに応じた調整を行っているわけではない。プロジェクションによって手の感覚を箸まで延ばし、あたかも自分の手や指であるように操作する。他にもコンピュータのマウスで操作するカーソルは、ほとんど自分の指先であるかのように感じられる。

また私たちは何かを身につけることにより、自分の身体の形状を変化させる。傘をさしたり、リュックを背負ったりすれば、自分の身体をそれらにまでプロジェクションして、完璧とまではいかないだろうが、他の人にぶつからないようにある程度まで歩ける。車の運転でも同じことがいえる。ドライバーたちは車の車幅まで自己を拡張しているような感覚を持つ。こうしたことを考えれば、プロジェクションによる身体の拡張は日常的なことといえるのではないだろうか。

拡張する対象はモノだけでないかもしれない。座ってテレビを見ているときに膝の上に子どもが乗ってきたとする。これに慣れていれば、身体の外枠の範囲が広がり、しょっちゅう口に運んではテーブルに置くワイングラスを、子どもの頭や肩に当てないでうまく動かすことができる。また、道路を歩くときに子どもの手をつないでいるときも、自分の身体の範囲を超えて子どもの身体も含めたところまで意識が拡張されている。

身体所有感による所有の対象は、ふつうは自分の身体、つまり皮膚とその内側を指している。しかしこれまで見てきたように、私たちはプロジェクションの働きによって道具にまで身体を拡張できるのである。

薬を塗らなくても傷が治る？

これまで述べてきた錯覚には続きがある。それはラバーハンド錯覚の応用で、ゴムの手への刺激を自分の触覚として感じてしまうという現象である。

実験の最初に、腕とラバーハンドを並べて置いて、これらを筆で同時になでることで、ラバーハンドが自身の腕であるかのようなラバーハンド錯覚を生じさせる。その次に、ラバーハンドには本物の氷を、自身の腕の同じ場所にはプラスチックの立方体を置く。すると、実際には冷たくないはずのプラスチックの立方体を冷たく感じる。[*2]

これは氷を見たことによる錯覚だと考える人もいるかもしれない。しかしラバーハンド錯覚が生じていないときには、氷を見て実際の手の上にプラスチックの立方体を載せても、同様の冷たさは感じられないのだ。そもそも氷を見ただけで、身体のどこかが冷たく感じるなどということはないだろう。[*3]

同じようなことは友人の嶋田《しまだ》総太《そうた》郎《ろう》たちのチームも行っている。ただしこれは温度感覚や皮膚温の変化ではない、運動感覚だ。

嶋田のラバーハンド錯覚実験では、実際の手を見えないようにしてそこに刺激を与えるところまでは、これまでの実験と同じだ。だが、ゴムの手が使われるわけではなく、タブレットの画面上に手が映し出される。ただし映されるのは自分の手ではなく、別人の手なのだ。

そしてラバーハンド錯覚のときと同様に実験参加者の手への刺激を与えるが、画面上の手にも同じ間隔で刺激を与える。だから実験参加者は画面上に映る別人の手に刺激が与えられるのを観察することになる。このような状況でも錯覚が起き、参加者は自分の手に加えられる刺激を画面上の手に感じるようになる。そうなった時点で、突然画面上の別人が手を広げる。すると参加者は自分の手を無意識的に動かしてしまうのだ。むろん、錯覚が生じていないときには無意識に手を動かすことはない。

これらの結果は、一度ラバーハンド錯覚が起きてしまうと、自分の手ではないものに与えられた刺激、運動が、本物の自分の手にプロジェクションされてしまうことを示している。嶋田たちはこれを「バックプロジェクション」と呼んだ。ややこしいので図3-2にまとめた。

通常は自分の手から得られる感覚は、自分の手にプロジェクションされる。そして前述のラバーハンド錯覚は、自分の手から得られる感覚を、ゴムの手にプロジェクションしていた。今回は、ゴム、あるいは他者の手に加えられる刺激情報の知覚から推測できる感覚を、自分の手にプロジェクションしているのだ。別の言い方をすれば、ゴムの手が自分の手になったと錯覚しているということだ。

実はこのバックプロジェクションを利用した、さらに驚くべき試みもなされている。その一

	元の感覚		プロジェクションの先
通常	自分の手の感覚		自分の手
ラバーハンド錯覚	自分の手の感覚	→	ゴムの手
バックプロジェクション	ゴム（他者）の手		自分の手

図3-2　感覚とプロジェクションの関係

つはリハビリテーションである。先端的なリハビリテーション技術に関わる研究を進めている畿央大学の大住倫弘《おおすみみちひろ》らは、ラバーハンド錯覚に利用するゴムの手にさまざまな加工を加え、痛みに対する敏感さを変化させる実験を行っている。

　彼らが加えたのは傷だ。ふつうのゴムの手に傷のように見える加工を加えた偽の手を用いて錯覚を生じさせる。すると本物の手に加えられた痛みを感じやすくなってしまう。またディスプレイ上に表示される偽の手を赤くすると、熱刺激を感じやすくなるという結果もある。

　これらは痛みなどを増幅させるのでリハビリとはいえない。しかしここで見られるように、偽の手からのバックプロジェクションが起こるのであれば、偽の手に何か治療のようなことをすることで、本物の手の痛みが軽減される可能性もあると大住らは考えた。実際に、ラバーハンド錯覚が生じた後に、偽の手に鎮痛クリームを塗ると、本物の手に感じている痛みが緩和されるという。

また障害によりうまく動かせない手や腰を持つ人物に、特殊な映像システムによりうまく動いている様子を擬似的に提示することで、運動に対する恐怖感が軽減されることも報告されている[*4]。

議論をまとめてみよう。通常、自己とはその身体と不分離であり、その確信が揺らぐことはまずない。しかしここまで見てきたように、簡単な仕掛けによって私たちは別の物体、身体を自分のものであるかのように思ってしまう。自己が自己の身体ではないものへとプロジェクションされるのだ。

このプロジェクションによって、身体所有感が揺らぐ。また同様に他者の行った行為を自分の行為であるかのようにも感じる。これは運動主体感の揺らぎと考えられる。さらには、自分ではない物体、映像から、本物の自分の身体へ影響が及ぼされる。

ゲーム中に体が動く原理

テクノロジー、特に情報テクノロジー（IT）はプロジェクションの宝庫である。ゲームセンターなどでレースゲームをやっている人が高速で走行中にハンドルを切ると、遠心力を感じていないにもかかわらず同時に身体もその方向に傾くのは特に珍しい光景ではないだろう。同様に、シューティングゲーム、格闘ゲームをやっている人が相手からの攻撃に単にレバーの操作で躱《かわ》すのではなく、首をすくめたり、身体を逸らしたりするのもよく見る行動だ。これらはゲームへの没入といわれるように、ゲームの世界に自分の身体をプロジェクションしているから起こるといえる。

さて二〇一六年はヴァーチャル・リアリティ（ＶＲ）元年と呼ばれた年である。あの不思議な形をしたゴーグルを装着すると驚くべき世界が広がる。そこで私たちは現実には存在しない世界の中で、想像を超えた体験をすることができる。スーパーヒーローになって空を飛び回ったり、動物になって世界を歩き回ったり、三本目の腕を動かしたりすることができる。

さらに、ソーシャルＶＲの世界では、別人格あるいは別の性になり、これまた別人格になった他の参加者と会話をしたり、共同作業をしたり、恋愛もしたりできる。なんと、セックスさえ可能だ。

似たようなものはコンピュータのスクリーン上でカーソルを動かすタイプなら、以前からあった。しかし、ヴァーチャル・リアリティの世界の臨場感は、それ以前のものとは次元がまったく異なる。この臨場感はＶＲが提供する全方位的な視覚映像と、キーボードやマウスを操作する指、手だけでなく、自分の身体全体と連動して動くアバターによってもたらされている。

こうした臨場感は、これまでに述べてきたプロジェクションをさらに加速させる。ＶＲゴーグルからジェットコースターに乗る人物視点の映像を見せると、本物に乗ったときとほぼ同じくらい、いやそれ以上の恐怖感を覚えることもある。動画サイトには面白い動画がたくさん載っているのでご覧になられるとよい。大声で叫びながら椅子から転がり落ちる、立ってＶＲ映像を見ていた人は、突然走り出して壁に激突する、テレビに突進するなど、多種多様なリアクションが観察できる。

これはＶＲが提供する視覚情報から作り出された世界に、自分をプロジェクションしているから生じる。実際にＶＲを体験している人物が恐怖まで感じるということは、単にその人が思い込んでいるからという理由ではまとめられない。ＶＲの世界は紛れもなく体験者にとってのリアルなのだ。

またこうしたＶＲ空間上に自身をプロジェクションしている状態のときに、実際の身体に何かの刺激を与えると、とんでもない反応が起こる。たとえばＶＲの中でジェットコースターに乗って落下中の人物を後ろから実際押すと、あるビデオでは大男が絶叫しながら、床を転げ回る結果になった。これはＶＲが提供する視覚・聴覚情報に加えて、自己受容感覚まで提供されたところに、第2章の図2-11に示したさまざまなフィルタにさらなる情報が重なることで、実際に落下したような感覚が生じるからである。

　またソーシャルVR上では自分が架空のキャラ＝アバターになって、他者とさまざまな関わりを持つことが一般的だ。近年話題のメタバース空間では、現実世界とはまったく異なる世界を実際に生きているように体感することができる。そういう世界でよく見るのはバニーガールのアバターだ。バニーガールになると自分に尻尾が付くことになる。

　すると実際の自分の身体に尻尾があるように感じるようになり、触れられるとそこに感覚が生じるそうだ。またこうした世界では異性になるというのも簡単だ（バニーガールのアバターになっているのは大半が男だという話もある）。

　そうすると「メス堕ち」というようなことも生じるらしい。これは自分が女性としてVR上で活動をしている中で、素敵な男子（のアバター）に恋をしてしまうことを指す。これも自分が女性になったという単なる思い込みと捉えるわけにはいかないのではないだろうか。当事者からすれば、明らかに自身をリアルに女性と認識しているのだ。

　ソーシャルVRではさらに面白い報告もある。ユーザーはアバター、たとえばバニーガールに自己を投射する。するとバニーガール上の尻尾も自己の一部となる。ここで他のユーザーがその尻尾に触れると、そのときの感覚をシミュレーションするネットワークが活性し、臀部《でんぶ》あたりに感覚が生まれたりする。

これはラバーハンド錯覚の際に偽の手に生じた刺激が、自分の実際の手に与えられたように感じるのと同じことで、バックプロジェクションの一種だろう。こうした経験を何度も重ねたヘビーユーザーたちは、自分の実際の身体のことを「リアル・アバター」と呼ぶことがあるという。つまり、自身をアバターにプロジェクションしているのではなく、アバターが自身にプロジェクションしていると捉えているのだ。

表情で気分が変わる

先のものほど劇的ではないのだが、私自身もVRではとても不思議な体験をした。それは自分の手、腕の動きでコントロールできるロボットの頭の視点による映像を、VRゴーグルを通して見るというものだ。またこれは私の首の動きを感知して、それと同期するようにロボットの首も回るという仕掛けもあった。

上手な人だとしばらくするとロボットをうまくコントロールできるのだそうだ。しかし、私にはまったくできなかった。

それどころか私は自分がどこにいるのか、どこを向いているのかがまったくわからなくなるという前代未聞の体験を得た。ロボットのいる位置と自分のいる位置の中間あたりの虚空の中に、自分がいるような感覚だ。人にもよるらしいが、私のようになる人は少なくないとのことだった。上手にできる人たちはうまくロボットに自分の身体をプロジェクションしている一方、私はロボットにうまく自分を投射できないばかりか、自分の今ある身体にも自己をプロジェクションできずに虚空を彷徨ったというわけだ[5]。

似たようなことは、ビデオゲームでもよく生じる。ふつうの車とまったく応答感度が異なる自動車をゲームで運転するとハンドルが切れすぎてスピンするし、その後にカウンターステアを当てても実車で生じるようなバランスを取るような感覚はまったく得られず、今度は逆回転してしまい、どこを向いているのかわからなくなる。

VR研究を人の感覚と結びつけて展開する東京大学の鳴海《なるみ》拓志《たくじ》たちは画期的な研究を続けている。たくさんの種類の研究があるのだが、ここでは「扇情的な鏡」という興味深い研究を紹介する。

ゴーグルをつけるわけではないのだが、実験参加者は自分の顔を鏡（実際にはモニター）で見る。ただし鏡に映し出されるのは、実際の自分ではなく、気づかれないように少し笑顔に寄った表情、あるいは悲しみに寄った表情に変化させた映像である。この鏡を見ると笑顔の場合には参加者は快感情が高まり、悲しい顔の場合には不快感情が高まるという[6]。

興味深いのはこれがさまざまな場面に応用できるということだ。たとえばいくつかのマフラーを試着させ、その中から好きなものを選ぶという課題を課す。実験参加者はこの鏡を見ながら試着を繰り返す。その際に鏡の映像を笑顔に寄った表情に変化させると、鏡が笑顔を表示していた際に試着していたマフラーが選ばれる確率が有意に上昇する。

また二人の参加者がこの鏡を見ながらブレーンストーミングを行い、アイデアを出し合う状況で、両者の顔を笑顔に寄った表情に変化させると、一・五倍ものアイデアが生み出されるという。

これもバックプロジェクションの一種と考えることができる。ラバーハンドとは異なり、鏡の中の視覚情報は自分自身のものであると誰でも初めから思っている。だからそこに起きた変化（参加者自身は気づかない）は、自分の状態を表していると錯覚する。だから笑顔の視覚刺激により、快感情がもたらされ、その後の行動が変化するのだ。

こうしたプロジェクションを通した経験による行動の変化は他にもある。たとえばメタバース空間でサイズの大きなアバターを使用していると、サイズの小さなアバターの人に高圧的な態度を取るようになることが明らかにされている。

メタバース上で最後通牒ゲームという一種の協力ゲームを行わせる。このゲームでは二人の実験参加者のうち一人に、ある金額が渡され、それを自分と相手にどのように割り振るかを決めさせる。相手がその割り振り方に同意すればお互いその金額がもらえるが、そうでない場合は二人ともお金はもらえない。

ここで自分が相手よりも大きなアバターを用いた場合と小さなアバターを用いた場合で分割の仕方に変化が表れる。大きなアバターのときには6割程度を自分の取り分とするが、小さなアバターの場合には5割程度にとどまる。自身の身体の大きさはまったく変化していないが、自身のアバターと相手のアバターの大きさを比較することで、本来ならもう少し強気に出られるはずの提案が弱くなってしまった。これもバックプロジェクションと考えることができる。

つまりアバターの持つ特徴から考えられる行動パターンが、自分の実際の行動となるのである。他にも、スーパーマンになって人を助けることをVR上で経験すると、実生活での援助行動が増加するなど、こうしたバックプロジェクションについてはさまざまな報告がある。これらは、ギリシア神話に登場する姿を自由自在に変えられる神の名にちなんで、プロメテウス効果と呼ばれることもある。

ナラティブ・セルフ：自己と身体の怪しげな関係

少し前の節で「自己と身体は不可分の関係だ」と書いた。自分は自分の身体と一致していることは自明のようにも思える。しかし視点を変えると、自分の身体ほどままならないものはないともいえる。恥ずかしい場面になると顔が赤らむ、緊張すると言葉が出てこなくなる、声が震える、といったことは多くの人が体験することだろう。そんなところは絶対に見せたくないといくら念じてみても、表情、姿勢、運動が勝手に外側に現れてしまう。

道具だって使い慣れれば身体の一部になるが、その過程ではうまく操作できず何度も失敗を繰り返す。つまり私の身体、身体の一部となるはずの道具は私がいつでも自在にコントロールできるものではないのだ。

それだけではない。哲学者の鷲田《わしだ》清一《きよかず》は「ぼくらにとってはじぶんの身体が一番遠いのではないだろうか」と述べている。その理由として、身体は部分的にしか見えないことと、自分が随意にコントロールすることができないことを挙げている。そして鷲田は次のように続ける。

> ぼくらはじぶんの身体に関してはつねに部分的な経験しか可能ではないので、そういうばらばらの身体知覚は、ある一つの想像的な「身体像」を繋ぎ目として互いにパッチワークのようにつながれることではじめて、あるまとまった身体として了解されるものだということだ。
>
> （鷲田清一『ちぐはぐな身体―ファッションって何?』ちくま文庫、二〇〇五、16ページ）

ここで述べている「あるまとまった身体として了解されるもの」というのが、ナラティブ・セルフだ。言い換えると、自分がさまざまな経験や、またさまざまな説明装置（因果、物語、社会化された諸々の言説）を用いて作り上げたものがナラティブ・セルフということになる。

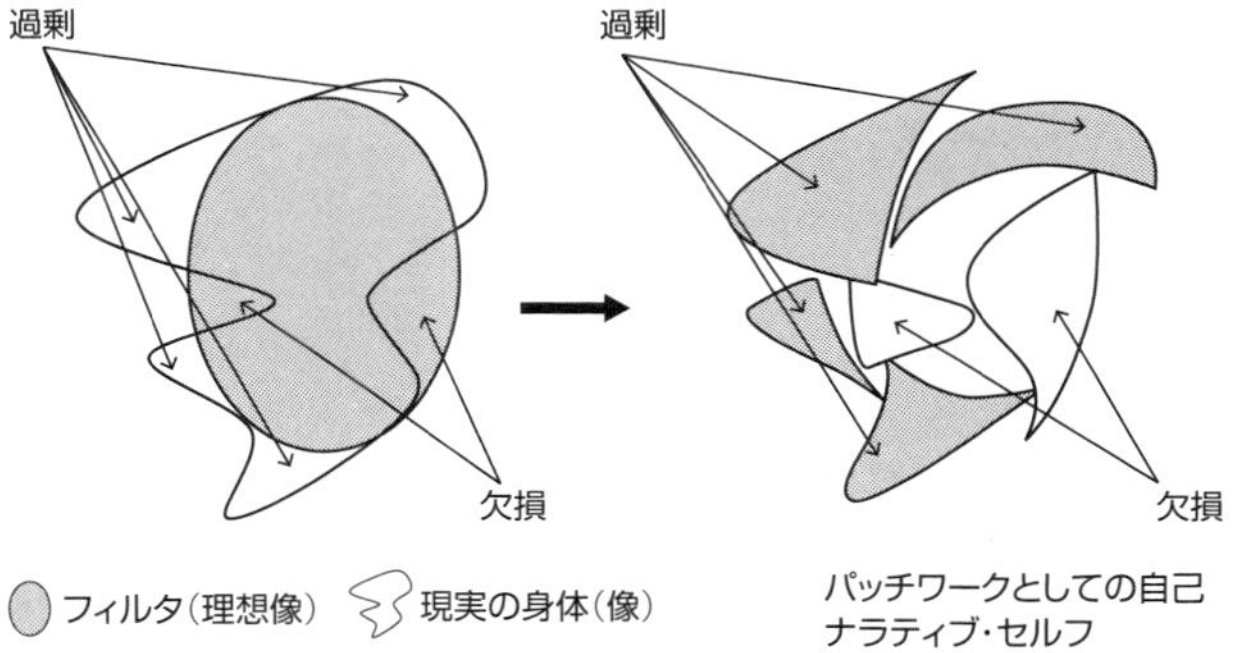

図3-3　プロジェクションによって生み出されたつぎはぎとしてのナラティブ・セルフ

ナラティブとは物語や語りを意味する英語である。つまり自分で語ることのできる自分だから、鏡や写真に映し出された物理的な身体そのものではない。願望、卑下、自慢、社会規範などが入り混じった架空の像なのだ。

　プロジェクションの立場から考えると、ナラティブ・セルフは他者との出会いの経験（比較を含む）、さまざまな社会の言説から作り上げられた理想像というフィルタ（色眼鏡）を通して見た自分のことである。

　ここには全身のプロジェクションが必然的に関与してくる。全身のプロジェクションの働きは、自己の対象化を通して、心の中に自分を投射対象として登場させるというものである。そしてこのプロジェクションが可能にする、過去、現在、未来というフィルタを通して自己を知覚し、自己像を作り上げる。自己像が理想像と完全に一致する人はごくわずかなので、欠けている部分、過剰な部分が生み出される。

それは通常「個性」と呼ばれるものだが、それら個性の集合体がナラティブ・セルフとなる。図３−３を参照してほしい。

なお理想像というのは一つとは限らない。というよりも、複数存在するのがふつうだろう。だからさまざまなフィルタを通して、まさに「パッチワーク」のように生み出されるのがナラティブ・セルフになる。さらにいつでも同じフィルタを通して見るわけでもないので、生み出されるナラティブ・セルフは一貫性がなく、揺らぎを持ったものとなる。

痩せているのに痩せたがる女性

このような次第だから、自分の身体は自分が最もよくわかっているということにはならない。フィルタを通して自分の身体を見るからだ。わかりやすい例として、一定の若い女性の中で話題となっている（らしい）「シンデレラ体重」というものがある。

これは平均するとＢＭＩの値が18になる体重が、女性の理想像と見なされる傾向にあることを表した言葉で、18という数字は正常値の下限の18・5よりもさらに低い。[*7] 身長１６０センチメートルの場合だと47キログラムあたりとなり、日本人の成人女性の平均体重52キログラム程度より5キログラムも軽いことになる。つまり痩せすぎな状態だ。

このフィルタを通して自分を眺めるとどうなるだろうか。実際には平均体重だったとしても「太りすぎ」というナラティブ・セルフを生み出す女性が続出することになる。そのフィルタをかけていない人から見れば、まったく問題がない身体であっても、シンデレラ体重のフィルタを通した人から見れば太りすぎに見えてしまう。こうした自己の身体の認識は拒食などとなって表れる。さらには過食につながることさえある。

このフィルタはかなりの部分、社会的なものによって作られる。スワミらの大規模な国際比較によると、都市に居住し、アメリカや西欧の文化への接触度が高くなるほど痩せ指向が高まるようである。彼女らは図3－4を用いて、各々がどの程度望ましいかを比較した。

マレーシアの最貧困県と首都のクアラルンプール、南アフリカの経済発展が滞っている地域と首都のケープタウン、そしてオーストリアの田舎の町とウィーンの比較を行った。図3－4の①〜⑨の体型についてどの程度望ましいと考えているかを示した結果が図3－5である（なおこの表は非常に数字が多いので非常に痩せている②と非常に太っている⑧の結果だけを載せた）。図3－4の②と⑧について、好ましさを数値で示してもらった結果であり、数値が大きいほどこれらの体型を好ましいと思っていることを表している。

マレーシアと、南アフリカの結果はよく似ている。田舎では太っている人の方が好まれ、都

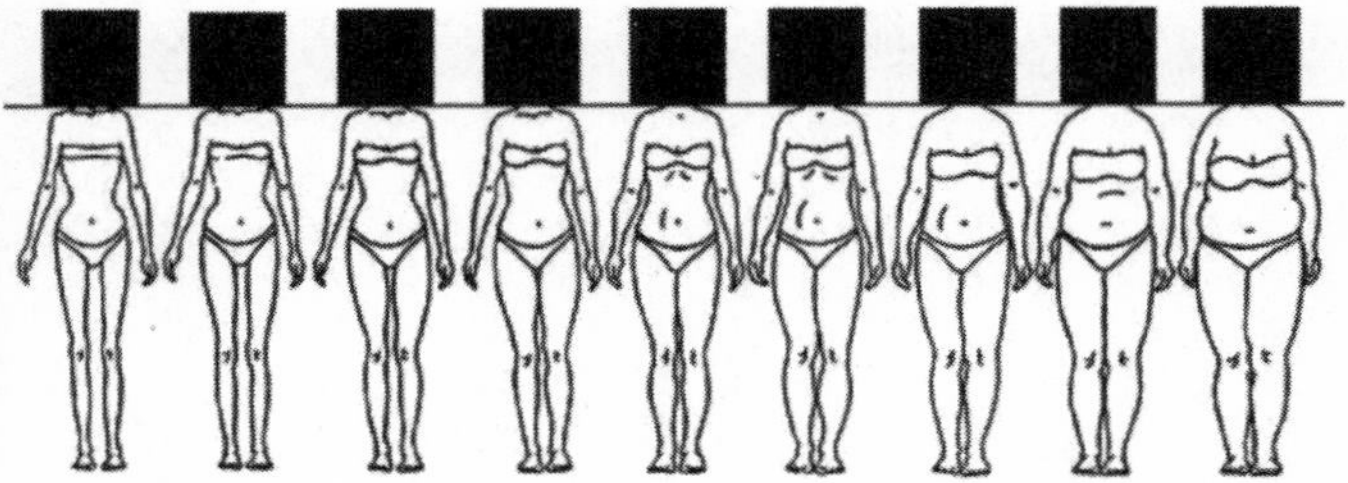

①　②　③　④　⑤　⑥　⑦　⑧　⑨

図3-4　スワミらの研究で用いられた評価刺激

(Swami, V. et al.「The attractive female body weight and female body dissatisfaction in 26 countries across 10 world regions: results of the international body project I」Personality and Social Psychology Bulletin, 36, 309-325, 2010)

非常に痩せている②　非常に太っている⑧

マレーシア

	②	⑧
田舎・男	1.8	5.3
田舎・女	2.2	4.9
都会・男	4.6	1.3
都会・女	5.0	1.5

南アフリカ

	②	⑧
田舎・男	2.1	4.3
田舎・女	3.0	4.6
都会・男	4.4	1.3
都会・女	4.8	1.4

オーストリア

	②	⑧
田舎・男	3.5	1.5
田舎・女	3.3	1.4
都会・男	3.7	1.7
都会・女	3.8	1.4

図3-5　スワミらの実験結果が示す、地域ごとの体型の好み

(Swami, V. et al.「The attractive female body weight and female body dissatisfaction in 26 countries across 10 world regions: results of the international body project I」Personality and Social Psychology Bulletin, 36, 309-325, 2010)

会では痩せている人の方が好まれる。その差はかなり劇的だ。田舎のマレーシア男性の場合、非常に太った女性の評価値は、非常に痩せている女性の約3倍にもなる。女性でも2倍超だ。南アフリカも同様の傾向だった。

一方、都会になるとこの傾向は完全に逆転する。マレーシアの場合、田舎で7点満点中5点以上をとっていた女性の体型は、1・5とほぼ最低ランクに落ちる。ところがオーストリアでは田舎と都会の違いはほとんどない。どちらも痩せている人を好ましいと判断している。ここにはまさに第2章の図2-7で示した重ね描きモデルで示した結果が如実に表れている。

図2-7①に②を重ね描きすることにより、①にはなかった性質が生み出され、私たちは③を知覚する。

一般に伝統社会で女性はふくよかな方が魅力的と判断されるのは、それが栄養状態の良さ、多産と関連するからであるとされている。つまり生物学的フィルタを通した判断がなされている。

一方、都会で暮らし、さまざまなメディアを通してアメリカ、西欧文化に接している人たちはそうした社会が提供するフィルタを通して女性の身体的魅力を判断している。そのため細い女性の評価が高くなる。しかしいくら田舎とはいえ、メディアが十分に発達し、都会と同じようなメディア環境で暮らすオーストリアでは都会との差はなくなる。つまりどちらの住民も社会的フィルタで提示された刺激をより評価していると解釈できる。

なぜ身体を加工するのか

理想像群をフィルタとしたプロジェクションが行われることで、自己身体はさまざまな欠如、過剰の合成体として捉えられる。するとそれらがネガティブなものであれば欠如を埋める、過剰を除去するような動機が生み出されるし、ポジティブなものであればさらに欠如、過剰を強調するようになる。これが人類に普遍的に見られる各種の身体加工である。

私たちはさまざまな手段を用いて身体を加工する。井上雅人《いのうえまさひと》はこうした多種多様な身体加工と自己との関係について以下のように述べている。

> 人間は自分を加工することを通して自己を獲得できる。加工した後に自己が出来上がるのではなく、まさしくその加工しようという強い意志によって自己が形成される。
>
> （井上雅人『ファッションの哲学』ミネルヴァ書房、二〇二〇、92ページ）

こうした身体加工は理論的にもとても重要な意味を含んでいる。その中でも三つの重要な点をここでは紹介する。

一つ目は、身体は対象化されているということだ。二一世紀に花開き、今も活発な研究を展開している身体性認知科学は、身体は心の基盤として存在し、認識の内容は認識主体の身体の構造や機能を反映したものになっていることを示してきた。

つまり心、それが生み出す認識は、身体と一体化しているというわけである。しかし右に述べた身体加工においては、身体は対象化されている。ここでは身体は心と分離され、自分が操作し、加工する対象となっているのである。

二つ目の重要な点は、時間の問題である。前節までで述べてきたミニマル・セルフが「イマ・ココ」にとどまっているのに対して、ナラティブ・セルフは過去、現在、未来を含み込んだ、あるいは重ね合わされたものとなっている。

「もっと痩せなきゃ」というときに参照される自己身体は、過去＝以前のスマートだったときの自己身体、未来＝将来実現するであろう理想的な自己身体との絡みがなければ生み出されない。だからナラティブ・セルフは時間を自在に移動する心の仕組みを持つ生き物、おそらく人間だけが持つものだといえよう[*8]。

三つ目は他者である。自己を考えるときには他者は必須である。「こんな格好をしたら笑われる」などという感情は他者抜きには生じ得ない。このときの他者は内面化された他者である。全身のプロジェクション、つまりセルフ・プロジェクションによって心の世界、表象世界の中に自己が入り込むことで、単に物体としての他者ではなく、心を持った他者も自分の心の世界に生み出され、それが実在の他者にプロジェクションされる。

こうして生み出された他者から見た自己が、私たちをさまざまな身体装飾、加工に駆り立てる。また、そもそも図3-3に示した理想像は、さまざまな他者の価値観から作り出されたものを寄せ集めたものである。だから、それをプロジェクションして作り出されたナラティブ・セルフは必然的に他者の目を通したものであり、社会の規範と照らし合わせたものにならざるを得ない。

以下では、身体加工の中で最も日常的に行われていると思われる衣服・ファッションと化粧を取り上げて、プロジェクションとの関係を論じていこうと思う。

十万年前から行われていた化粧

化粧は最も簡易な身体加工の一つだろう。実際十万年も前からレッドオーカーによる身体装飾は見られるという。レッドオーカーとは、赤褐色の顔料のことで、酸化鉄を含んだ天然の土だ。これを塗ることで、顔を赤く染めることができる。

化粧による身体加工が簡易とはいっても、実際にレッドオーカーとして使える土はどこでも見つかるわけではない。そのため先史時代の人々は数十キロも先まで出かけてレッドオーカーを採取したといわれている。

　これはなかなか不思議な話だと思う。なぜなら狩猟採集時代はそれほど呑気に暮らせる生活様式ではないからだ。日々の食糧の調達は生活のかなりの部分を占めていたはずなのに、装飾に用いる素材を探すために時間をかけるというのはなかなか信じがたい。逆にいえばレッドオーカーはそれほど貴重なもの、重要なものだったということだ。

　この時代の人々がどんなフィルタを通したプロジェクションを行っていたかを知ることは困難だ。だが、フィルタの中身を正確に知ることはできなくても、フィルタの中に必ず含まれているはずのものは特定できる。それは自己、レッドオーカーを塗りつけた自分の姿だ。つまり自分の心の中（正しくは表象の中）に、自分の姿が入り込むということだ。自己の現在の姿、装飾後の自己の姿が、心の中に入ってこない限り化粧を行うことは不可能というか、無意味だろう。

　もう一つは他者と他者から見た自己の考えに、想像を巡らせているということだ。化粧をした自分が他者にどう見えるか、そこから他者は何を感じ、考えるか。そうしたことが心の中に入ってこなければ化粧は同様に不可能だ。他者の身体自体は実際に観察可能だが、他者の心はその身体のように知覚できるわけではない。

　そこで自分を他者の目線から見たときに、他者が感じると思われることをシミュレーションして、その結果を他者の心にプロジェクションする。化粧によって変化した自己の姿に美しさ、憧れ、畏怖等々の感情が他者の中に生じることを期待して化粧を行っていたはずである。

それが現代にも受け継がれていることは誰でも承知しているだろう。口紅一つとっても色はもちろん、塗り方、テクスチャーなどで細かく分類されており、その数の多さに、化粧に興味のない男性はただただ呆然とするしかない。

化粧品の国内の市場規模はコロナ禍でも、二兆円を超えていたといわれている。女性一人当たり年間五万円程度をかけて化粧品を購入しているという計算になる。そして平均で一日十五分程度（日本人の平均）の時間をかけて、目元をクッキリさせ、肌を白く艶《あで》やかにし、口元に光沢を加えている。

こうした別人化によって、これまでに得られなかった経験を重ねることで、新しいナラティブ・セルフが生み出される。こういうのを見ると仮想空間メタバースにおけるアバターなどは何も新しいものではないことがわかる。最近はメンズメイクというものも流行っているが、女性たちに限らず人は化粧によってすでに別人化、つまり別の身体に自己をプロジェクションする術《すべ》を手にしているのだ。

これとは逆にナチュラル・メイクという不思議な化粧法がある。それは化粧しているようには見えないように化粧をするというものである。このメイクは薄めの化粧品を使い、簡単で、時間も短いのではと考えるかもしれないが、実はそうではない。それどころか一般的な化粧以上の工夫が必要なのだ。なんでそんなことをするのかといえば、過剰な化粧をすれば、けばいとか、自己顕示欲が強いとか、元の顔は……などという反発が来ると考えているので、それを防御するためだろう。

　この防御は他者の心の状態をも含み込んだフィルタを通したプロジェクションが、可能にしている。ナチュラル・メイクのために毎朝一時間以上も時間を使うという女性の知り合いがいるので、「ではしなければいいのではないか」というと、そんなことはあり得ないと言下に否定された。

　理想像、他者の眼というフィルタを通したプロジェクションによって、過剰と欠如からなるつぎはぎとしてのナラティブ・セルフが生み出される。そのある部分を化粧によって誇張し、別の部分を隠蔽《いんぺい》し、自己の改良を人は行っているのだ。

ファッションの社会的意味

日本語には「裸の付き合い」などという言葉があるが、そんな付き合いは私たちの日常生活ではまずないといってよい。性交渉、銭湯、温泉などを除けば、他人の前で裸になることはまずない。それら以外の場面では私たちは必ず衣服を着用している。

そして私たちは服を身に纏った人を知覚し、そこから人物についての推論を行い、人のイメージを作り上げる。そういう意味で衣服は身体、あるいは自己の一部といってもよい。前述した井上雅人は「つまり衣服は、他者の身体の場合、身体の外側を覆うものではなく、身体そのものとして意識されているのだ」（前掲書、86ページ）と論じている。

なぜ衣服があるのかについてはさまざまな説が唱えられている。これについては身体保護機能、美的機能、社会的機能など、衣服の持つ特性が挙げられてきたが、どれか一つで説明できるほど単純なものではないことは、この分野の研究者の多くが指摘するところである。

身体保護機能に関していえば、コルセット、纏足《てんそく》、ハイヒール、真夏のスーツなどはその反例であり、健康の害となる。美的機能というのは大変に曖昧であり、何が美なのかは時代、地域、個人によって大きく異なっており、基準とはなり得ない。社会的機能は確かに存在するだろうが、これも曖昧である。制服などはわかりやすい例となるが、学校によっては制服の着用が義務化されていない学校もある。

衣服は化粧と並んで最も簡単な身体加工、自己加工の方法ということになる。衣服を纏うことで欠けている、過剰な部分を隠したりできるし、補正もできる。また見せたい部分を強調することもできる。

バブル時代に流行ったボディ・コンシャス（ボディコン）と呼ばれる女性用の衣服は、まさにこうしたものだろう。むろんそれを着用する女性は自分のボディラインに自信のある人である。そこまで行かなくても襟ぐりの大きなシャツやニットのセーターを着れば、自分の胸を強調することができる。

つまり図3－3で示した理想像フィルタとのギャップを埋める身体加工の手段なのだ。

さらに面白いのは身体と衣服の関係が逆転するという現象である。夏が近づくと雑誌では水着が映えるボディを手に入れようという特集が組まれることがよくある。これは水着に代表される露出度の多い衣服が主役であり、それに奉仕するために、自分の身体を対象化して加工し、新しい身体（あるいはバージョンアップした身体）を作り出すことを意味する。これはバックプロジェクションの表れといえるかもしれない。自己の身体が、本来は自己を伝えるためのメディアである衣服にとってのメディアと化しているところが面白い。

個人の好み、憧れ、社会規範をベースとするフィルタを通したプロジェクションによって生み出される、凸凹の、つぎはぎだらけのナラティブ・セルフが生み出される。

衣服による身体加工は、こうした身体を隠蔽、強調するための手段となっている。さらに好みの衣服に合わせるために身体を加工する（ダイエット、エクササイズ、美容整形等々）ことも行われる。こうして出来上がる身体は新たなナラティブ・セルフを生み出す。

記号としての身体

つぎはぎとしてのナラティブ・セルフは自分の望み、願いだけから出来上がるわけではない。自己の身体にプロジェクションされる理想像は他者の目、心的状態、社会規範をも含み込んだフィルタを通しているからである。

また前節で挙げた身体加工も同様で、自分の意思だけで決まるわけではない。特定の他者だけでなく、ＴＰＯという規範で決められているもの、流行によるもの、制服のように組織が定めたものなどが用いられることもある。これらによって、社会に広まった様式、モードによる身体加工を行う。つまり社会を身に纏うのである。

現代社会ではマスメディアの提供するフィルタはきわめて強力である。石田《いしだ》英敬《ひでたか》は「身体というのは、どのような社会においても、まず人間の記号が真っ先に書き込まれる場所でした」と述べ、

> メディアは「記号と化した身体」であるスターやタレントやスポーツ選手を通して、身体のイメージをコミュニケーションの回路の中に導き入れ流通させます。（中略）マス・メディアとは、この意味で〈想像的な主体〉の形成＝整形を行う巨大な社会装置と言ってもよいかもしれません。
>
> （石田英敬『記号論講義—日常生活批判のためのレッスン』ちくま学芸文庫、二〇二〇）

と続けている。メディアの提供するこのフィルタを内在化させた私たちは、このフィルタによって描き出される過剰と過小の身体を乗り越えるべくダイエット、エクササイズに努め、化粧、衣服による加工を自己に対して行う。

　人間は社会の中で、いくつかの集団に属しているので、所属を明示することは利得につながることが多い。だいたい自己紹介などをやるときに、自分の出身地、学校、勤務先などを述べることは多いはずだ。つまり自分の属する社会集団によって自己を規定しようとしているわけだ。だから社会を身に纏い、社会化された自己を人に見せることは、安定した自己像を得る。人にそうした自己像を提供することは決して悪いことではない。

　特定の集団のメンバーであることを端的に表すのが、制服ということになる。学生服を着ていればその人は学生であるし、病院で白衣を着ていれば医師か看護師、ニッカポッカを穿いていれば作業員ということになる。制服とはいわないが、男性のスーツもそうで、それを着ていれば自分はホワイトカラーの人間であることを表明することになる。

　その一方で、制服を着ることは、その所属集団の中の一部、それも代替可能な一部となることを意味する。つまり個性の剝奪、記号化を生み出すのだ。制服を着ることで、あなたは中学生、看護師、警察官等々と見なされる。学校の制服はそれを着用すれば、特定の誰かではなく

「○○高の学生」あるいは単に「高校生」となる。

　もちろんある社会集団に属するということは、自己にとって重要であるが、それに収まり切らない自己も当然ある。こうした規範に強い違和感を持つようになると、制服を着崩すようになる。[*9]それによって集団にはからめとられない自己を表出しようとする。

　自分の話で恐縮だが、私はこの二つの矛盾をまさに経験した。小学生から中学生になり制服を着たときに感じたなんとも言えない誇らしさは今でもはっきりと思い出すことができる。大人へと一歩前進、小学生ではないんだ、という実感があった。

　しかしだんだんみんなと同じでいることに耐えられなくなってきて、制服を着崩すようになり、先生と揉めることが多くなってきた。さらにあろうことか、親の勧めで学ラン（襟が高く、裾が長い制服で不良か大学の応援団しか着ないと思っていた）を購入・着用に至った。ちなみに裏地に刺繍《ししゅう》はしていない。高校になるとそもそも制服を着ること自体が屈辱的と感じるようにもなった。これは代替可能な一部であること、個性を奪われることへの抗議なのだと思う。[*10]

　こういう次第だから今の中高生の過半数が学生服を肯定しているのは、私には心底信じられない（個性以前に、あれほど清潔さにこだわる女子中高生たちが毎日同じ服を着ているのは矛盾ではないだろうか）。

　この節の初めに裸の付き合いなどないと書いた。確かにほとんどの国、地域で全裸で街に出れば逮捕される。だから私たちは衣服によって身体を隠す。一度、なぜ人前で全裸になってはいけないのかを真剣に考えたことがあるが、どうにもわからず、社会がそう決めているからという結論しか出なかった。つまり私たちの身体を社会が管理しているということであり、衣服はそのための道具という側面も持っている。その時々の社会（の通念）が決めるので一貫することはまずない。

自己という現象

イスラム教ではヒジャブといって女性の髪の毛を人の目に触れないようにするというものもあれば、ニカブといって目だけ露出可能なもの、目の部分も覆うブルカなどさまざまな種類の制服の一種といってよいものがある。

これらの違いはコーラン（クルアーン）の解釈の違いに基づくそうだ。どれを身につけようと腕や脚は露出させない。少なくとも私にとってはどれも不思議な姿に映るが、イスラム文化の中ではそれが当たり前であり、髪の毛を見せるなどというのはあり得ないことなのだろう。彼らからすれば逆に髪を見せ、手足を露出する日本人が異様に見える。これらは社会の中に用意されているフィルタを内面化し、それを通したプロジェクションによる自己像、他者像である。

異なる文化が交錯する場合には、面白いことが起こる。フィルタが異なるためである。渡辺《わたなべ》京二《きようじ》の『逝きし世の面影』（平凡社）では、幕末期に現れたヨーロッパの国々の人々が、混浴、裸体が特に問題とならなかった当時の日本に対して感じたことがこれでもかと列挙されている（特に第8章「裸体と性」）。

これらの日本の習俗は、大変に文明化されていた日本のイメージにそぐわなかったようである。ペリー艦隊の通訳として来日した人は以下のように述べている。

私が見聞した異教徒諸国の中では、この国が一番淫らかと思われた。（中略）慎みを知らないと言っても過言ではない。婦人たちは胸を隠そうとはしないし、歩くたびに太腿まで覗かせる。

（渡辺京二、前掲書、296ページ）

また初代アメリカ総領事であったタウンゼント・ハリスは以下のように困惑を表明している。

私は何事も間違いのない国民が、どうしてこのように品の悪いことをするのか、判断に苦しんでいる。

（同書、299ページ）

ただこれは当時のヨーロッパの価値観のフィルタを内在化させた結果、彼らに見えたものと考えれば納得がいく。このフィルタを通すと、性は秘すべきものであり、かつ裸体は性の対象であるので、混浴をする人々は恥知らずにしか見えなくなるというわけだ[*11]。

現代の日本では、幕末に訪れた外国人たちと同じような裸体についての感性を身につけてしまっている（というか、身につけることができた？）。だから衣服を脱ぐ、裸体というのは特別な意味を持つ。シチュエーションによってその意味は異なるだろうが、そのとき、私たちは「裸を着る」のである。

そしてそれは「本当の私」などではまったくない。他者のフィルタを通したプロジェクションによって彩られるメディア、記号と化すのだ。

この章で見たように、自己は新たな身体を手に入れると、その身体からのバックプロジェクションによってまた変容する。これは私たちにまた新たなフィルタを提供することにつながる。そしてそれを通した自己、環境の知覚がなされ、さらに私たちは自己を改造する。また他者、その集合体である社会も自己、身体を捉えるフィルタを提供する。このフィルタは内面化され、自己の中の他者が自己を眺めるようになる。そしてそのフィルタに、あるときには従うように、別のときには離反するように、自己と身体を改造し続ける。

こうしたことを考えるとよく世間でいわれる「自分探し」というのは、間違いであることがわかるだろう。どこかにあって、探されるのを待っている自己は存在しない。自己は絶えず作られ続けながら変化する「現象」なのだ。

＊1―視覚は必ずしも必須ではないという報告もある。たとえば、目隠しをして左手でラバーハンドにタッチさせる。目隠しをしているので、視覚情報はもう届かない。それと同時に右手を実験者がタッチする。すると、左手は自分の右手にタッチしているように錯覚する。自分の右手にタッチしている他者の行為が自己の行為であるかの如くに感じられるということは、運動主体感にも異常が生じていると考えられる。

＊2―これは実際の実験をかなり端折って記述している。詳しくはKanaya, Matsushima, & Yokosawa, 2012あるいは横澤、二〇一七をご覧になられたい。

＊3―一方で、他者が痛がる様子を見ると脳の痛み領域が活動することを示したシンガーや、身体の状態を長年研究してきたクリッチリーらの実験では、少し異なる結果が出ている。ある人物が冷水かお湯に手を浸すビデオ映像を実験参加者に見せたところ、冷水に手を浸す映像を見た参加者の手の温度は実際に下がり、お湯の映像では変化はなかった。興味深いことにあらかじめ測定された共感性得点の高い人ほど、温度変化が顕著だった。他人がけがをした様子を見ると、自身も「痛くなるような気がする」ことをうまく説明している。

＊4―このリハビリの詳細は、大住他「プロジェクション・サイエンスから痛みのリハビリテーションへ」（鈴木宏昭編『プロジェクション・サイエンス：心と身体を世界につなぐ第三世代の認知科学』近代科学社、二〇二〇収）を参照されたい。

＊5―これは有限会社海馬のロボットで体験させていただいたときのことである。

＊6―これには実験的な根拠がある。それは表情フィードバックという現象だ。鉛筆を横にして口に咥えると、笑顔のときと同じ表情筋が活動する。この状態で漫画の面白さの評定を行ってもらう。すると鉛筆を縦にして咥えながら評価した人(不快なときに使う表情筋が活動する)や、何もしないで評価した人に比べて、同じ漫画がより面白いと評価される。この実験の結果が示すことは、人は面白いから笑うのではなく、笑うから(というか、笑うときに使う表情筋を使うから)面白いということだ。私はこの実験を昔から知っているので、あまりやる気の出ない講義のときには、教室までの廊下を笑顔で歩くことにしている。

＊7―BMI自体もある意味でフィルタ、色眼鏡であることは意識した方がよい。

＊8―これは「心の時間旅行」というものなのだが、自己対象化と同様第5章で詳しく論じる。

＊9―ただ着崩すといっても何をやってもいいというわけにはいかない。たとえば学生服を裏返しに着るとか、前後逆に着るというのは見たことがない。だからここにも作法があり、決められたやり方で着崩しているのだ。これは要するに別の集団(不良?)に属していることを表明している。鷲田清一が使った意味とは違うが「自由の制服」といえるかもしれない。

＊10―ちなみに、鈴木さんと二十年以上の付き合いがある川合は、彼のネクタイ・スーツ姿を一度も見たことがない。皇居周辺で開催された千人以上が集まったあるパーティに鈴木さんと出席したときも、九九%の人がスーツを着る中で唯一スーツでなかった。他の一%の人は、紋付き袴だった。鈴木さんは、葬式でもスーツを着ないと言っていた。皮肉にも、その鈴木さんの葬式に、川合は礼服にネクタイを締めて参列した。

＊11―もっとも、彼らの中にはそのような見方を批判する人もいた。その中の一人はスイス領事であったルドルフ=リンダウである。彼は以下のように述べている。「羞恥心とはルソーの言っているように『社会制度』なのである。(中略)率直に

言って、自分の祖国において、自分がその中で育てられた社会的約束を何一つ犯していない個人を、恥知らず者呼ばわりすべきではなかろう。」（ルドルフ＝リンダウ著、森本英夫訳『スイス領事の見た幕末日本』新人物往来社、一九八六）

第4章　意味に彩られた「モノ」

あらゆるモノは複雑な意味を持つ

前章では自分の身体に関するプロジェクションの例を見てきたが、この章では表象がモノへ投射される事例を見ていく。

プロジェクションは自身や他者だけでなくモノに対してもなされる。これまでに述べてきたように、目の前のコップの表象は自分がそれに対して持っている信念（それの重み、その中に入っている液体等々）と一緒になって、目の前の実物のコップにプロジェクションされる。すでに知っているモノを見るときには、それまでの知識や経験が多少なりともモノに反映されて見ているのだ。

本物と見まがうほど精巧にできた食品サンプルを見ておいしそうと感じるのは、私たちが塩化ビニール（かつては蠟《ろう》で製作された）に食欲がかき立てられるのではなく、そのサンプルが表している「本物の食品」に食欲を感じるのである。つまり食品サンプルに、本物の食品のフィルタを重ね合わせている（プロジェクションしている）のだ。

このようなんでもない日用品に対して、多くの人が同じように行うプロジェクションもあれば、形見や思い出の品のように、それぞれの人に固有なプロジェクションもある。また、食品から食品サンプルへというモノからモノへのプロジェクションもあれば、形見や遺品のようにある人の属性や思い出がモノへプロジェクションされるようなものもある。
この章では、さまざまな種類のモノが関わるプロジェクションを整理し、その後、それらのプロジェクションの詳細について述べる。

カレーを食べるときにトイレの話をしたくない理由（川合）

あるモノは他のモノの表象を併せ持つことがある。たとえば、愛知県常滑《とこなめ》市の大蔵餅が販売する「トイレの最中」は、便器の形をした最中種（最中の外側）に、茶色いドロドロの餡を流し込んで食べる菓子だが、これを食べるのに抵抗を感じる人は少なくない。この最中は、「もなか」と読むが、「さいちゅう」とも読めるところに洒落が効いている。

また、便器の形をした皿にカレーライスを盛って食べるのも同じように抵抗を感じる。これは、そのカレーライス（モノA）がカレーの表象だけでなく、皿から生じる便器や糞尿（モノB）の表象と重ね合わさることで、カレーライスが穢《けが》れたものであるように感じるために抵抗を覚えるのだと考えられる[*1]。

完璧に洗浄されたハエ叩きでかき混ぜられたスープを飲みたくないのも、同じプロジェクションによるものだと考えられる。

嫌悪に関する研究の権威であるロージンたちによれば、アメリカの大学生は「毒」というラベルが貼られたコップから水を飲むことを躊躇した。さらには、たとえラベルに「毒ではない」と書かれてあっても躊躇する気持ちが消えることはなかった。

同様に、外山紀子《とやまのりこ》らが行った研究では、日本の大学生もゴキブリと水が実際には接触していないにもかかわらず、コップにゴキブリを連想させる文言が書かれた水を飲むのを躊躇した。これらの心理的な伝染は、汚染源を連想させるだけで生じるので、ロージンたちは「連想による伝染」と呼んでいる。

これはモノからモノへのプロジェクションと考えることができる。

このような現象は、ヒトだけでなく類人猿のボノボにも観察される。川合の研究室でポスドクをしていたフランス人研究員のサラビアンは、大学院生の頃にアフリカで保護区にいるボノボに何枚かのバナナのスライスを与えた。

バナナのスライスは横一列に並べられた状態で提供される。ただし、一番端の一つは大きな糞の上に載っていた。そして、その隣のバナナのスライスは糞と近接しているが、実際には触れていなかった。以降、他のバナナスライスは、糞の上にあるバナナスライスから等間隔で糞から離れて置かれた。ボノボは、一番糞から遠いところのバナナスライスから取り始め、糞の隣にあるバナナスライスを触ったが、結局それと糞の上に置かれたバナナは取らずに帰った。

糞の上に載っているバナナは病原菌を持っているかもしれない。しかし、糞の「すぐ隣」にあるバナナは糞とは接していないので病原菌が付着しているとは考えられない。もちろん、糞そのものもついていない。

それにもかかわらず貴重なバナナを取らなかったのは、外山の実験の参加者のように嫌悪の対象である糞がすぐ側にあることで、汚染を連想したためだと考えられる。だとすれば、このようなモノからモノへのプロジェクションはヒトの誕生以前に進化したのかもしれない。

俗説で、食べ物の「三秒ルール」というのがある。食品を落としても三秒以内に拾えば食べても問題ない、というものだ。実はこれと似たような習慣が海外にもある（秒数は異なるが）。床や地面が持っているばい菌（の表象）が、ある一定時間以上経過すると食品に伝染し、その食品はそれまでの食品とは異なるものになると考えるのだろう。こうしたことを検証しようとしたイリノイ大学のインターンシップで来ていたシカゴ農業科学校の高校生二人が、実際に食べ物の汚染状況が変化するかを実験したところ、五秒で微生物が移行したことが判明した。この発見で彼女たちは二〇〇四年のイグノーベル賞を受賞している。

エンガチョで何が伝染しているのか（川合）

鎌倉時代から続く民俗風習のエンガチョは、誰かが不浄なものに触れると（たとえば糞便を踏む）、その不浄なものが当事者に移行すると考える。すなわち、モノの属性（不浄）が、それに接触した人に移行し、当該の人は不浄な表象を引き受ける（プロジェクションされる）と認識する。

面白いのは、当該部位を別の者にこすりつけることで、当人は穢れから解放されると考えることだ。またこすりつけられた側は、穢れを引き受けるとも考えられる。

移された方は、まったく穢れに接触していないにもかかわらず、さも自身が穢れに触れたかのように感じる。これはヒトからヒトへのプロジェクションと考えられる。一方で、当然だが自己からモノへのプロジェクションも存在する。モノや場所は、ある人にとって特別な意味を持つことがある。たとえば他人にとってはただの指輪にしか見えない結婚指輪も、当事者にとっては特別なモノと見なされる。

イスラム教やユダヤ教の聖地であるエルサレムは、それらの宗教を信仰する人にとっては、きわめて重要な場所である。エルサレムは、その機能によって価値があるのではなく、それぞれの人や文化集団の経験や歴史によって価値が生じている。したがって、その価値観を共有しない人からすれば、特別な意味を見いだせない。

このように自身の所有物や深く関わる対象に価値を見いだし、まるで自身と深く関わりのあるモノのように扱うことを、一九五〇年代にウィニコットは「自己の延長」と呼んだ。

人間がモノに対してまで自己を延長して考えるということは、すでに一九世紀の後半に哲学者で心理学者でもあったアメリカのウィリアム・ジェームズが次のように指摘している。

> ある人間の自己というものは、彼のモノと呼ぶことができるすべての集合なのである。自身の身体や精神だけでなく、衣服や家、妻や子ども、祖先や友人、評判や仕事、彼の土地やヨットに銀行口座、これらすべてのモノがその人に同じ情動を与える。それらに益々磨きがかかれば意気揚々とするし、それらが目減りしたり無くなってしまうと、その人の気持ちも萎えてしまうのだ。
>
> （James W.『The principle of psychology』NY: Henry Holt（1890）pp.291-292）

すなわち、自分の肉体と意識だけでなく、所有物や自分に関係があるモノすべてを含む、その人が影響を及ぼすコト・モノすべての総和が、自己なのだ。そして、意識していようといまいと、多くの人は所有物を拡張された自己の一部と感じる。

次節で述べるが、他者の本質（根幹をなす性質）も接触によってモノへ伝染すると考えるように、物理的な接触によって自身の本質も実際に所有物に染み込むと考える。このように自己の本質が所有物に染み込んでいると感じる心の働きは、モノに対する「愛着」の根底にあるように思われる。

愛着は幼い頃から見られることから推測できるように、モノを自己と同一視する行為を指す。

このプロジェクションは幼い頃（就学前）から見られる。

ディーゼンドランクとペレツは、五歳児に自身が愛着を持っているモノについて語らせ、その後で別の子どもとコンピュータで対戦ゲームをさせた。

対戦の後で、ゲームをする前に聞いた、自身にとって愛着のあるモノ（Tシャツ）を、対戦相手の子どもに一晩貸してよいかと尋ねた。ゲームに負けた子どもは、勝った子どもの約半数しか、自分が愛着を持つモノを貸してよいと回答しなかった。

ところが、最初の質問とは無関係な、自身にとって愛着があるわけではないモノであれば、ゲームに勝った子どもと負けた子どもは、どちらも同じ程度、そのモノを貸してもよいと答えた。

これは、愛着のあるモノを、自分自身の延長と見なしていると考えればわかりやすい。そのモノに自分の本質が染み込んでいると感じるために、そのモノが一時的であっても失われたり傷つけられたりすると、自身を喪失した感覚や傷つけられた感覚を味わう。つまり、ゲームに負けて自己が傷つけられた子どもは、それ以上の喪失感を味わいたくないので、自分の延長である愛着のあるモノまで手放したくないという心理が働いたのだ。

実際、子どもたちは愛着を持つモノを、自身をプロジェクションしたモノと見なすようだ。ダイルとワップナーの研究で「どうしてあなたはそれに愛着を感じるの？」と尋ねられると、六歳の子どもは「それが特別だから」「それが好きだから」と答えたが、十四歳になると「それは私を表したもの（私のアイデンティティ）だから」と答えた。なかには「過去に成し遂げたことの証」や「将来の目標」だからだ、という回答もあった。すなわち、モノを自身あるいは、自身の延長と見なしているのである。

成人でも同じように感じる人がいる。たとえばフェラーロたちは、自然災害で自分の所有物を消失した人は、自己が傷つけられたように感じることを報告している。また、プライスたちの研究によれば、高齢者は愛着のあるモノを譲渡・廃棄するときには、そのモノとともに長年の思い出も廃棄されたように感じる。そのような思い出や意味が、そのモノに対する価値の核をなすのだろう。

このような愛着のあるモノを、自己の延長に関わるモノだと認知する脳領域もタークたちは特定している。それは、背内側前頭前野後部、左島、両側の縁上回だ。島皮質は自身の身体の状態や感覚を司《つかさど》る領域で、縁上回は意味を読み取るときに活動する領域である。縁上回はこれまでに本書で何度か登場してきたＴＰＪと呼ばれる領域の一部である。

モノへの愛着はなぜ生じるのか（川合）

愛着が生じる理由はさまざまだが、大事なのは来歴＝キャリアである。そのモノを使った経験が豊富であればあるほど、モノと接してきた来歴が積み重なる。するとそれが故障などで使用できない状態になっても、容易には捨てられなくなる。たとえば毎朝コーヒーを飲むときに使うカップはまさにその例だ。多くの人にとって携帯、スマホも同様だろう。

慣れ親しんだカップでコーヒーを飲むときに、それを購入したときのことや、これまでに使用したときの経験が想起され、それらがフィルタとなってモノへプロジェクションされる。こうしたプロジェクションがなされると、そのモノの使用価値がなくなったとき、つまりモノとしての意味がなくなっても、依然価値のあるものと見なされるのだ。

来歴をさらに豊かにするのは、選択と購入だといわれている。どれを買おうかと思って売り場で迷い、お金を払って特定の商品を購入したということはそのモノの愛着、価値をさらに高める。プラスアルファの経験が加わるからである。

人は自分の選択したものには、価値があると考えてしまう。そして選択が困難であれば、そこに認知的な努力が必要となる。するとその選択したモノには、努力に見合うだけの価値があると考えてしまうというわけだ。必死になって手に入れたものには、なおさら強い愛着が湧くことが多い。これも購入に至るまでの経験がフィルタに含まれて、モノにプロジェクションされるからだ。

ポール・ブルームたちのグループは面白い実験を行っている。何も指示しなければ同じような好みとなる三つのものA、B、Cを用意する。実験者は一方のグループに対しては、まず初めにAとBを見せて、どちらか一方（たとえばA）を参加者に与える。そして次に残ったBと新たに加えたC（好みの度合いは同じ）を見せて、好きな方を選ばせる。するとBとCの選ばれる確率はほぼ同じ五〇％となる。これは好みの度合いが同じだから当たり前だ。

　しかし別のグループは初めに選択をさせる。つまりAとBを提示して、どちらか好きな方を選ばせる。そしてAとBのうち選択されなかった方とCとで再び選択をさせる。するとCが選ばれる可能性が高くなる。これは「選ばなかった」、つまり価値が低いというフィルタによるプロジェクションの結果だと考えられる。[*2]

嫌いな人には所有物を渡したくない（川合）

自分の本質が所有するモノへと染み込むと感じる事例は、他にも多くある。しかも、モノへの操作がその所有者自身の認知を変えることすらあるのだ。これはある種のバックプロジェクションといえる。

「逆行の魔術的伝染」と呼ばれる現象がある。ある人が持つ属性の表象が、その人が関係するモノの表象と重ねられる（異投射される）ことを指す。特にセレブリティ（セレブ）が所有していたモノに対して行われる投射は、「セレブリティ伝染」と呼ばれる。

「逆行の魔術的伝染」をロージンたちは「ある実体の『残留物』や『本質』が、同じ本質を共有するすべての実体同士のつながりを通じて、元の実体に作用すると信じること」と定義している。

藁人形はまさにそれに該当する。京都・伏見の稲荷山に住んでいた、川合の幼少時代の友人の話だ。その友人の親は、藁人形を打つ音が聞こえてもその方向を絶対に見ないようにしたという。藁人形が打たれる姿を見ると、呪いをかけられている場面を見たということを通じて、見た人にも藁人形に与えられている禍《わざわい》が伝染すると信じられていたからだ。これも、奇妙なプロジェクションである。

ロージンたちの調査研究では、自身の残留物や所有物（切り取った髪の一部や自身が写った写真、旅行記）が、良い印象を持たない第三者（レイプ犯）の手に渡ると、不快感情が高まることが示された。しかし、その所有物が誰にも所有されずに燃やされたと考えた場合に不快感は最も低く、通常なら嫌悪を抱くはずの肥だめに捨てられたときでさえ、良い印象を持たない第三者に所有されるよりは不快感情は低かった。それほど自身の所有物を嫌な人に持たれたくないのだ。

前述したゲームの勝敗とモノの受け渡しに関する五歳児の実験でも、同様の逆行の魔術的伝染が見られた。他の子どもに自身の大切なモノを与えるかを尋ねる際に、実験に参加していた同年齢の女児の写真を見せて、「君が一緒にゲームをしたこの子は友人を叩くし、親の言うことも聞かない意地悪な子だ」と伝えた。それから「この子にお気に入りのTシャツをあげてもよいか」と聞いたところ、「絶対に嫌だ」と答えた。しかし、「あげる前にシャツを洗濯したら？」と尋ねたところ、「よく洗ってからなら、いいよ」と答えた。こうした子どもがかなりの割合でいたのだ。

これは、自身の本質が洗濯されることで失われると考えるからだと解釈されている。意地悪な子の元にシャツが渡っても、すでに洗濯によって自身との結合は薄れているため、意地悪な子の本質がシャツを通じて自身に影響を及ぼすことはないと考えるのだ。

このような逆行性の魔術的伝染は、これまでのところ他人に渡ることでしか成立していないように思われていた。

しかし、金谷と川合の研究では、実験参加者に怒りを喚起させた後で、怒りを生じさせた状況を紙に書かせて、書いた紙を捨てるか、シュレッダーに入れて裁断するという手順を踏めば、怒りが消失することを見いだした。ただし、怒りを生じさせた状況を書かせて紙をそのまま保持させていると、怒りは持続した。[*3]

これは、他者を介しないモノからヒトへのバックプロジェクションの事例であると思われる。このような逆行性の自己延長（reverse-self extension）は、怒りの抑制に寄与すると考えられる。今後、運転場面の怒り抑制などへの応用が期待される。

モノには人の本質が宿る（川合）

魔術的伝染は、細菌などの実体あるものが伝染したというより、むしろ伝染の元となる人の意味（本質）が伝染したと認識されることで生じる。二〇世紀初頭にフレイザーは「一度結合した状態にあったもの同士は、たとえ互いに著しく害をなすものであっても、未来永劫、結びつきを失うことはない」と主張している。

　これはヴードゥー教のような呪術的なまじないを使う宗教でも、同じように考える傾向にある。日本においても、紙製の人形を特定の人物の分身に見立てる形代《かたしろ》などが、同じ考えに基づいて使われている（川合は子どもの頃に、毎年形代に息を吹きかけて身体にこすりつけてお祓いしてもらっていた）。

　魔術的伝染の例として、残虐な行為を行った人に纏《まつ》わるモノには近寄りたくないということがある。ロージンたちは、特殊な考えや嗜好を持った人以外は、アドルフ・ヒトラーのセーターを着たいとは思わないということを、実験で確かめている。また、ヒトラーほどでなくても、殺人犯のものだとわかれば、どれだけ洗浄されていてもその服を着ようとしない。

　同じように、英国で少女たちを次々とレイプし殺害して自宅の地下室と庭に埋めたウェスト夫妻の家は、市議会が解体撤去した上で、家のレンガまで回収して粉砕し、人に知られないところに廃棄した。アメリカの食人鬼といわれた連続殺人犯ダーマーの住んでいたアパートも、現在は駐車場にされている。解体するほどではないが、人が亡くなった事故物件は、その事実を告知するように義務づけられている。

これは、心理的瑕疵《かし》があるからだといわれるが、その背景には亡くなった人の本質が、部屋に伝染すると多くの人が考えると想定しているからだろう。

魔術的伝染については有賀《ありが》敦紀《あつのり》の行った面白い研究がある。この研究では実験参加者に、複数人で行う実験だと伝えて（仮に）田中さんという人物と同じ部屋に入ってもらう。しかし、実は同じように集められた実験参加者の一人だと伝えられていた田中さんは、参加者のふりをしたサクラだ。実験参加者と田中さんは同時に同じ部屋に呼ばれ、実験前の一分間を共に過ごす。

ここで一方のグループでは田中さんが本当の実験参加者と日常会話を行う。もう一方のグループでは、田中さんは実験参加者が話しかけても応答せず、ため息をもらす。当然後者のグループでは田中さんの印象は悪くなる。

その後、田中さんがまず初めに実験室に呼ばれる。そのときに持っていたバッグを机の上に置くように言われ、指示に従う。そのすぐ後に実験参加者も呼ばれ、同様にその机の上にバッグを置くように指示される。このとき、無愛想だった後者の条件で田中さんと一緒だった実験参加者たちは、会話を行った前者の実験参加者に比べて、自分のバッグを田中さんのバッグから遠くに置いたのである。

つまり、田中さんの表象を、田中さんの持ち物であるバッグにプロジェクションしたために、つい無意識のうちに（近寄りたくない田中さんの）バッグから遠くに置いたのだろう[*4]。

ここまで述べたように、ある人がモノを触ると、その人の性質や属性（あるいは本質）がそのモノに伝わると人は考える。この信念をロージンたちは魔術的伝染と呼んだが、ポジティブな性質が伝わる場合をポール・ブルームたちは特に「セレブリティ伝染」と名づけた。このように魔術的伝染は、ネガティブな性質が伝わる場合とポジティブな性質が伝わる場合とで区別することがある。

所有者や接触した人の性質（本質）が伝染すると考えるセレブリティ伝染は、著名人の所有物が高額で取引されるという事実で示される。オークションでジョン・F・ケネディのゴルフクラブが七十七万ドル以上の値段で、ケネディ家にあった巻き尺は四万八千ドル以上の高額で落札された。

セレブリティ伝染の研究を先導的に行ってきたブルームによれば、セレブリティはその人をセレブリティたらしめるなんらかの本質（外見、性格、能力、才能等々）を持っている。そしてその人が触れたモノに、本質は伝染する、と私たちは考えてしまう。本質が伝染したモノはただのモノではなくなり、特別な価値を有するようになるのだ。

これがセレブリティ伝染の原理である。先ほどのケネディ家の巻き尺の例でいえば、高い能力や魅力を備えていると考えられているケネディは、その能力=本質をうちに秘めるだけでなく、彼が触れたモノにも授けるのである。

もちろん実際にはいかなる伝染も生じてはいない。このような心理的な伝染の背後にはプロジェクションの働きがある。ケネディはモノに対して何も本質を授けるなどはしないが、それを見る人がケネディを見るときに用いるフィルタを通して巻き尺を見る、つまりプロジェクションするということなのだ。[*5]

このようなセレブリティ伝染は、就学前後の子どもでも見られる。ブルームたちの実験によれば、英国の六歳児はエリザベス二世がかつて所有していた「本物」と紹介されたおもちゃを、その完全なコピーよりも価値があると判断した。逆にいえば「本物」といわれれば、それが本当に本物かどうかにかかわらず、価値が高いと判断してしまう。その背景には、このようなプロジェクションの働きがあると考えられる。

興味深いことに、物理的実体（細菌や所有者の汗など）がそのモノに残存しているとは想定していないだろうにもかかわらず、セレブリティ伝染によって高価になったモノは、洗浄などによってその価値が減少すると評価される。ブルームたちの仮想的な思考実験では、尊敬する存命中の著名人が所有していた特定のモノ（セーター）を手に入れるために、実験参加者にいくら出すかを尋ねた。

ある参加者たちには、条件を与えないで金額を回答させた。また、別の参加者たちには転売することや所有していることを他人に話してはいけない、と条件をつけた。また別の参加者たちには、セーターが届く前に徹底的に洗浄されると告げられた。

その結果、セーターを事前に洗浄すると伝えられた参加者の提示した金額が最も低く（何の条件もない統制群の約１／３）、転売や他言が禁止されたグループがその次に低い金額を提示した。

近年、ＡＩが本物と見まがうほど素晴らしい絵画を生成するようになった。しかし、実際にその絵が人によって描かれたものか、ＡＩによって生成されたものか初めはわからなかった人でも、ＡＩによって生成されたと告げられるとその絵の購買意欲が減少した。絵画コンクールで入賞した作品がＡＩによって生成されたものだと判明して受賞がとり消されたこともある。

この結果は、絵は「作者」によって描かれてこそ価値があることを示している。別の言い方をすれば、誰かの本質が絵画に宿ってこそ価値がある、と想定していることの表れかもしれない。その背景には、ヒトからモノへのプロジェクションが関わっていると考えられる。[*6]

遺品が呼び起こす記憶と物語

自分が使ったのではないのに、処分しにくいモノがある。その代表として挙げられるのが遺品だ。遺品はなかなか捨てられない。私はこれを書いている年の初めに父を亡くした。母はその数年前に他界している。こうして実家は誰も住んでいない状態になったので、家の整理をしなければならなくなった。

高度成長期をまさに生きた父たちは、購買が習慣となっていたようだ。少しでも要るかなと思ったり、いいなと思ったものは手当たり次第に買っていた。母についても、私の記憶の中に着物姿の母はないが、和ダンスには着物が一ダースほどある。そもそも袖を通してすらいないものも数枚見つかった。父のスーツ、ジャケット類も五十着はあるだろう。

この中で簡単に処分できるものとそうでないものがある。もらい物は簡単に処分できる。その中でも使っていないもらい物は、なんの躊躇もなく捨てられる。

また両親自身で購入したものであっても、ほとんど使った形跡がないものも処分は容易だ。価値のないものであればゴミとして処分し、価値のあるもの（たとえば宝飾品、銀食器一式など）は業者に引き取ってもらう。

一方捨てられなかったり、あるいは捨てることを躊躇したりするものは、死の直前まで身につけていたもの、使用していたものだ。いつも着ていたフリース、メモ書きに使っていたペン、愛用のコーヒーカップなどが代表的なものだ。もちろんこれらにはなんの金銭的な価値もない。また衣服に関していえば、体格がまったく異なるので着ていたものを再利用することもできない。しかしやはり簡単には捨てられない。

ここにはプロジェクションが関わっている。遺品は亡くなった人についての記憶を想起させる。そして想起された事柄（つまり表象）は、単に思い出として頭の中に存在するのではなく、目の前の遺品にプロジェクションされる。こうして、モノは単なるモノではなくなり、特別な意味を帯びて私たちの目の前に現れる。こうなってしまうと、もう簡単には捨てられない。

遺品に関していえば、過去の経験の想起がきわめて重要な働きを持つ。すぐに処分できるものは、故人の姿を想起させない。母の着物についてはなんの記憶もないので、すぐに処分できた（さすがにゴミとしてではなく、人にあげるという形で）。

もらい物、特に包装すら開けていないものは、そもそも使用していないので、故人に関わる記憶は存在しない。これらのものはプロジェクションするべきもの（記憶）が存在していないので、プロジェクションは起きず、モノはモノのままであり続ける。よって処分は簡単なのだ。

このように故人についての記憶の有無、想起の有無は、遺品の処分に強く関係している。

しかし故人の所有物でなくとも捨てられないモノもある。写真、アルバムだ。図4-1は遺

手元に残している思い出の品

項目	回答数
写真・アルバム・プリクラ	109
衣類・着物	32
手紙・メール	20
時計	16
プレゼント	14
装飾品（指輪、ネックレス等）	11
失った人が作ったもの	9
カバン・財布	8
道具類	6
カセットテープ・ビデオテープ	5
本・雑誌	7
服飾品（ネクタイ、スカーフなど）	4
CD	3
お守り	3
飾り物	3
家具類	3
その他少数意見	63
	合計 313

図4-1　遺品として捨てづらいモノ。回答数が大きいほど捨てづらい

（池内裕美「遺品や形見の持つ意味―対象喪失の心理―」2006）

品について調査を行った池内《いけうち》裕美《ひろみ》によるものだ。ここからわかるように写真、アルバムは捨てられないモノの中で、他を大きく引き離しトップに挙げられている。自分が生まれる前の両親について記憶は存在しない。だから想起も起きないし、本来なら経験によるフィルタが働かずプロジェクションも起きないはずだ。にもかかわらずなかなか捨てられないのはなぜだろうか。

　それは写真によって物語が作られるからだ。温泉での浴衣姿の故人の写真は、そこでの彼・彼女の行動、そのときの感情などを一挙に表象として見る側の脳内に作り出してしまう。そうすると私たちは「ああこうやってくつろいでいたんだなぁ」とか「楽しかったのだろうなぁ」などと想像する。そして想像は物語となり、目の前の写真にプロジェクションされる。そうなると故人の愛用品同様、写真は特別な意味を帯びたモノとして立ち現れることになる。

手紙・メールが処分できないモノリストの三番目に挙げられているのも同じ理由だろう。これらは写真とは異なる形ではあるが、やはり故人についての記憶と物語を作り出す。

ここで一つ図4－1にはない例を紹介しておきたい。最終的に処分はするが、処分がつらいものがある。それは食べかけのものだ。ラップなどがかけられて冷蔵庫の中に残っている食べ残しは、むろん放置すれば悪くなってしまうので処分せざるを得ない。

しかし少なくとも私にとってはこれを処分するのが一番つらかった。それを食べていたときの姿、ラップをして保存した姿、つまり物語が容易に形成されるからだ。ただしそれだけであれば、写真やふつうの遺品と変わりない。これが特殊なのは、そこに故人の意志、そして死によって永遠に訪れることがなくなった残りを食べる姿という未来が見える点にある。[*7]

このように遺品は、記憶、想像から作り出される物語をプロジェクションする心の働きにより、故人にとっての過去、未来を背負って私たちの前に立ち現れ、あるときには悲嘆に、あるときには途方にくれさせるのだ。

遺品が処分できない背後には、セレブリティ伝染と同じプロジェクションが関わっていることは明白だろう。両者とも、モノがその使用者のエピソードを想起させ、想起されたものがモノへとプロジェクションされているのだ。

その違いは、遺品の持ち主は特別な能力は持っていない場合が多いこと、そして他人にとっては故人のエピソードがないからプロジェクションしようがないこと、この二点だけである。だから一般的な遺品は、それがきわめて希少なモノである場合を除けば、遺品というだけで元の値段よりも高くなることはない。

フェティシズムにかんする誤解

フェチ、フェティシズムという言葉は、現代日本では良い意味で使われることはまずない。またフェティシズムには性的なものが含まれることがほとんどである。

しかし、フェチというと異常なもの、性的なものだけを連想しがちだが、フェティシズムの研究を長年にわたって続けてきた田中雅一《まさかず》によれば、文化人類学の分野ではフェティシズムは宗教、性、商品（金銭）に関連したものに対してなされるという[*8]。

フェティシズムは長年使用したモノに対する愛着や、遺品への思いといった感情の延長線上にある。ここでは、モノがその本来持つ価値を超えたもの、その本来の用途とは別の用途を持つものと見なすことをフェティシズムと呼ぶ。このように考えればフェティシズムは、愛用品や遺品と同様、プロジェクションという心の働きの結果であることが容易に推察できる。
愛着や遺品とフェチが異なるのは、プロジェクションされる仕組みに違いがあるからだ。これまで述べてきたように、モノへの愛着の根源には、来歴や、故人の記憶といった表象のプロジェクションが関係していた。

一方、フェティシズムを考える場合には、アブダクションという心の働きを理解しなければならない。アブダクションというのは、ある結果を見てその原因を推定する心の働きである。

家の外に出て、地面が濡れていれば先ほどまで雨が降っていたからだと思うだろう。ここでは地面が濡れているという現象＝結果から、雨が降ったという原因を推定している。

推理小説で犯人を推理する場面では、ほとんどがアブダクションを用いている。観測可能な結果（殺人現場や証拠）から、観測できない原因（実際の殺人の場面）を推定するからである。

同様に、素晴らしい作品（観察できる結果）を生み出した作家や芸術家に対して、それはその作家や芸術家が素晴らしい人格や技巧・技能を持っているからだ（観察できない原因）と考えてしまう。またスポーツで素晴らしいプレイを見れば、その原因は実際に見ていなくてもプレイヤーの身体能力や努力にあると推察する。同様に聖者が素晴らしいのは目に見えていなくても、彼らに内在する、あるいは神から与えられた霊性が原因であると考えられがちだ。

そしてそこに接触による伝染が加わる。つまり、彼らが触れたものに、その原因となる素晴らしい知性、人格、能力が伝染するのである。彼らの衣服、使用した道具は、本来彼らの素晴らしいパフォーマンスとは無関係のものであるが、接触によって彼らが持つとされたなんらかの素敵なものがモノに宿るのである。

基本的にはセレブリティ伝染と同じメカニズムによるのだが、フランス語のフェティッシュ（物神、呪物）に由来するフェティシズムは、ある対象やその断片を偏愛する態度のことを指す。したがって、ケネディ家に由来する巻き尺を自慢するのは、ただのセレブリティ伝染であるが、それに性的な興奮を覚えたり、極端な愛情を注いだりするようになるとフェティシズムといわれる。

宗教とフェティシズム

宗教とフェチと聞くと大きな違和感を覚えるかもしれない。しかし実は宗教は異性愛などと同様フェティシズムの宝庫なのだ。身近な例でいえばお墓だ。なぜ私たちは大金を支払ってお墓を買うのだろうか。なぜお地蔵さんの前に行くと厳粛な気持ちになるのだろうか。

厳粛になるかどうかは人によると思うが、お地蔵さんに立ち小便をしたり、唾を吐いたりできる日本人はほとんどいないはずだ。所詮、地蔵は石であるにもかかわらず、畏まった態度になってしまうのはなぜなのか。また、お札やお守りをゴミとして捨てることもまずできないだろう。

これは仏教に固有の話ではない。キリスト教を弾圧した江戸幕府は、教徒と疑われる人たちに絵踏みを課した。彼らの前に置かれたのはキリストの姿が描かれたレリーフのようなものである。これを踏めば免罪、踏まなければ処罰された。多くの人が踏むことを拒否し、極刑も含めた懲罰を受けた。レリーフはキリストでないのはもちろん、それを踏まないことが信仰心の表れでもない。

フェティシズムが生まれる元となったフェティッシュ（物神、呪物）という言葉の語源には「人が作ったもの」という意味がある。つまり本物ではないことを意味している。そもそもプロテスタントではキリストの偶像崇拝は禁止されている。にもかかわらず、命を賭してまで本物ではないキリストを踏めないのはなぜなのだろうか。

むろんこれは日本に固有な話でもない。西欧にも聖遺物と呼ばれるものがある。

聖遺物とはキリスト、あるいはその使者、その後に現れた聖者たちの遺体の一部、または身につけていたものを指す。これらに対して驚くべきフェティシズムが秋山聰《あきやまあきら》著『聖遺物崇敬の心性史』（講談社 選書メチエ）で報告されている。

一三世紀前半、聖エリーザベトの遺体が公開されたときには、巡礼者たちが彼女の聖遺物を求め、遺体にかけられていた布を引きちぎり持ち去ったり、あろうことか爪、指、乳房まで切り取ったりしたそうである。

さらに驚くのは、わざわざ遺物を作り出すために、別の聖者を殺そうとした人々すらいたそうだ。ある聖者が滞在していた村を去ることを知った村人たちは、その聖者を殺害し、骨などを聖遺物として崇めようとしたそうである[*9]。

秋山は聖遺物を格納する容器についても面白い指摘をしている。そもそも聖遺物自体は布切れであったり、骨であったりするわけで、それがどこの誰のものなのかを証明するものはない。そこで立派な容器を作り、その容器に入れることで聖遺物としての価値を証明するという。

これは興味深い行動だ。彼らにとっては本来の価値が十分にあるはずの布、骨であるのに、立派な容器に入れないと価値を担保できないのだ。容器が持つ「高価」という属性を聖遺物にプロジェクションすることで、その価値を高めるというわけだ。

聖遺物と容器という二重の異なるフィルタをかぶせた例だろう。こうした聖遺物格納容器は聖遺物に触れることで、それ自体も聖遺物になるという。さらに巡礼者たちはその容器に布をかぶせ、二つをまとめて聖遺物として持ち帰ることもあるという。

聖遺物は遺品の一種であるし、それを保持していた人は現代の言葉を使えばセレブだ。だとすれば、聖遺物を崇める心にはプロジェクションの内、セレブリティ伝染が関係していることは明白だろう。骨などについていえば、単なる使用品、着用品であるどころか、セレブ自身の一部である。熱烈な崇敬が当然だ。

仏教でも、釈迦の遺骨とされる仏舎利は、国内だけでも多くの寺院の仏舎利塔で祀られている。仏舎利は八万もあるというが、それほど釈迦の一部を近くに置いておきたい人が多いということだろう。

聖者が持っている聖性はそれが触れたものに伝染していき、元々は無価値だったものまで聖性を帯びるようになる。こうした光景は、セレブリティ伝染で見たものと同じである。

贈与論に見るモノの価値

モノや道具がプロジェクションの働きによって特別な意味を持つことを述べてきたが、ここでは同じく特別な意味を持つ「モノ」の他の例として贈り物について紹介する。

さて贈与といえば、フランスの社会学者のマルセル・モースを挙げないわけにはいかない。彼は太平洋南部、アメリカ西海岸などの諸部族、そして古代のヨーロッパ、インドの人々の間で行われた贈与を膨大な資料を挙げながら分析した人物だ。

むろん部族、地域の間でさまざまな形態の贈与があるのだが、共通するのは、贈与には三つの義務が生じるということである。それは贈与、受領、返礼である。贈与は任意のものではなく、義務である。そして贈られたものは必ず受け取る必要があり、返礼をしなければならない。

なお返礼は必ずしも贈った人に対して行われなくてもよく、別の人への贈与でもかまわない。

どうして義務が生じるのかといえば、モースによれば贈られたものは単なる物体ではないからだ。贈るモノ（＝タオンガと呼ばれる）も含めたモノ一般には、ハウと呼ばれる霊的な力が秘められている。それはあるときは呪いでさえある。だから贈与されたものは所持していてはならず、他者にさらに贈与しなければならない。

モースはマオリ族を調査した文献で次のように述べている。

> 受け取られ、交換される贈り物が人を義務づけるのは、貰ったものは生命のない物ではないということに由来する。贈り物をした人がそれを手放した後でも、それは彼の一部になっている。その物を持っていた時に、（中略）その物を通じ、贈り物を受領したものに対して影響力を持つのである。と言うのは、タオンガはその森、郷土、土地のハウ（霊）によって生命を吹き込まれているからである。
>
> （マルセル・モース著、吉田禎吾訳『贈与論』ちくま学芸文庫、53-54ページ）

つまり贈与したモノには贈った人自身、あるいは贈った人を取り巻く霊的なものが伴うのである。

モースが検討した事例は南太平洋の未開部族や、古代のヨーロッパを対象にしたものであり、市場において貨幣を介した交換が行われている現代に見られる現象ではないことは断っておく。だから私たちは彼らと同じように振る舞うわけではない。

しかし、贈り物を単にモノとして切り捨てるようなことは、現代の人々にもなかなか難しいのではないだろうか。遺品を論じたところで、誰かからもらったものは簡単に捨てられると書いた。ただそれができるのは私宛てのものではないし、贈り主もわからないからだ。

この状態では、贈り物にプロジェクションするフィルタが生成されない。一方、故人たちが贈られたものを溜め込んでいたのは、彼らは贈り主がわかっていたからだ。

つまり自分自身がもらったモノには、それが必要のないものであっても、プロジェクションが生じて、特定の意味を持つようになる。

意味に彩られたモノの世界に生きる私たち（川合）

ここまで見てきたように、鈴木さんは、他人や光景、モノなどあらゆる対象にプロジェクションが生じると考えていた。そのことに異論はないが、川合はプロジェクションという考えが他の既存の理論と最も差別化されるのは、このモノへのプロジェクションではないかと思う。

プロジェクションの話をすると、よく予測符号化理論[*10]や、フリストンが提唱した自由エネルギー原理[*11]とどう違うのかと聞かれる。いずれも、外界から得た情報に基づき脳内に（神経活動による）状態を生成し、それを外界の状態と照らし合わせて、差分を更新していくという考えである。結局、プロジェクションとは、「外界の情報と脳内の状態を照らし合わせていく仕組みでしょ」といわれる。

しかし、親類や知人の墓石に敬虔な気持ちを持つことを、それらの理論では説明できない。単純な外界の情報だけを墓石に重ね合わせているわけではないからだ。このことを私が指摘してからは、プロジェクションを語るときに墓石の例がよく持ち出されるようになった。

この章で見てきたように「特別なモノ」にだけプロジェクションが生じるのではなく、何でもないモノに対してもプロジェクションは行われている。

そもそも、私たちがモノに価値を見いだすのは、なんらかの意味をモノにプロジェクションしていることにほかならない。

川合は現在の職場に就いたときに購入した機械式の腕時計を、二十年以上はめていた。これはネジを巻かないと止まるし、巻いても毎日何秒もずれが生じる。このような不便なのに高額な時計を持つのは、「バネの力だけで時を刻む」ことや、「宇宙で初めて使用された腕時計」という表象を腕時計に重ねているからだろう。

タレントで、現在は通信販売業で成功を収めた保《ほ》阪《さか》尚希《なおき》さんは、一九二〇年代に製造された最初のものから最新のものまで、すべてのロレックスを持っていたらしい。また、同じインタビューで、彼はポルシェも三十八台所有していたと語っている。これはある種のフェティシズムといってよいかもしれない。

　これほど極端でなくても、航続距離が短いわりには車体が高額な電気自動車に乗ることも、二酸化炭素削減が求められる時代にあえて燃費の悪い高出力のスポーツカーに乗ることも、それぞれの人がモノになんらかの価値や表象を投射しているからではないだろうか。

　モノへのプロジェクションは、故人との思い出の縁や「憧れの車」といった、ポジティブな感情を喚起するだけではない。この壺を買うことで子孫が不幸になるのを免れるといって壺や高額献金した人も大勢いる。久保《くぼ》（川合）南海子《なみこ》の著書*12では、宗教の名のもとに高額の壺を買わされることや、ホストにはまることなど、プロジェクションがネガティブに使われた事例をまとめている。

　このように考えるとプロジェクションは、どのようにモノやブランドに価値を与えるかというマーケティングと密接に関係しているように思える。

　実際、マーケティングにおいて、購入対象のモノへの自己拡張が研究されている。青山学院大学の久保田《くぼた》進彦《ゆきひこ》によれば、「自分自身が広がる」という心理現象は「私の範囲」が変化することであり、「自己の延長」と「自己の膨張」という二つの概念によってマーケティングの原理が説明されているという。

ベルクが一九九八年に、自分のアイデンティティをモノへと拡張することを説明するために持ち出した概念が前述した「自己の延長」である。これは心理学では一九五〇年代から提唱されていたので、五十年ほどマーケティングでの研究が遅れていたことになる。

自己の膨張は、親しい他人やブランドのアイデンティティの一部を、いかにして自分のアイデンティティに取り込もうとする（結果的に自分は膨張する）かを、説明するために持ち出された概念のことだ。これはまさにセレブリティ伝染のことである。

自己の延長と自己の膨張は、拡張の方向が逆であると考えられているが、これはまさに魔術的伝染とセレブリティ伝染（逆行魔術的伝染）のプロジェクションの方向が逆であるのと対応している。

このように考えれば、モノに対するプロジェクションは、墓石や遺品、フェティシズムの対象となるような特殊なモノだけでなく、衣服や食、コンピュータなど、あらゆるモノに関わっているといえる。私たちは「単なるモノ」に囲まれているわけではなく、個々人がモノにそれぞれの表象をプロジェクションして、意味に彩られた世界に生きているのだ。

魔術的伝染が生じるということは、私たちがモノの来歴を重視しているからだ。来歴とは、そのモノがかつては誰のものであったかなどの歴史である。

しかし、ここで述べる来歴の重要性はモノの所有だけに当てはまらない。たとえば、とても美人な女性と交際していて、あるときに、実は整形手術をしているのと告白されれば、あなたはどう感じるだろうか。

韓国のように整形に寛容な国もあるが、日本では整形手術に抵抗がある人が一定数いる。そういう人たちは、目の前の女性の美しさは、何も変わらないはずなのに、それを知る前と後で彼女の印象が少し違って見える可能性がある。もしそうだとしたら、その人は女性の来歴をプロジェクションしているのかもしれない。

同和地区や特定の民族に対する差別も、同じように来歴（その場合は何世帯にもわたる）を重ねて見ることによって生じるのかもしれない。

モノだけでなく、個人や集団に対しても私たちは、来歴をプロジェクションしてしまう。「蓼《たで》食う虫も好き好き」と言われれば特に問題意識は湧かないが、「二千年以上前に私たちの祖先が暮らしていたから、この土地を明け渡せ」といった心理から戦争につながるような来歴の重視が実際にあるのは、人類にとって大きな不幸である。

＊1―なお、鶴見俊輔氏が逝去した二〇一五年の「新潮」一〇月号には、黒川創による「便器でカレーライスを食えるほどの自由」という題の追悼文が掲載されている。便器の形をした皿のカレーライスを食べるのはそれほど驚くべきことらし

い。

＊2―Eagan, L. C., Santos, L. R. & Bloom, P. The origins of cognitive dissonance: Evidence from children and monkeys. Psychological Science 18, 978–98, 2007の実験では幼児でもまた新世界ザルでも同じ効果が観察されている。

＊3―Kanaya, Y. & Kawai, N. Gone with the paper: Eliminating anger through the disposal of a paper written because of provocation. Scientific Reports. 2024

＊4―有賀敦紀「拡張的パーソナルスペース：所持品間の距離に反映される所有者の対人距離」心理学研究87、二〇一六

＊5―ポール・ブルーム著、小松淳子訳『喜びはどれほど深い？：心の根源にあるもの』インターシフト、二〇一二を参考にした。この本はここ十年で読んだ本の中のベストテンに入るくらい面白い。ぜひ一読されたい。

＊6―本章ではここまでの節の説明が不十分だったので、川合が多量の加筆を行ったが、以降は鈴木さんが書いた文章をなるべく残している。川合は鈴木さんからご父母の遺品整理の話を直接聞いた直後に鈴木さんの遺品をもらうことになり、いまだに信じられない気持ちである。

＊7―故人の食べかけのものは処分しにくいと書かれているが、故人にいただいた食べ物も簡単には処分できない。鈴木さんは毎年クリスマスの頃に、川合の子どもたちにチョコを送ってくれた。チョコといっても子ども用のものでなく、ピエール・マルコリーニのチョコなので一粒で五百円もする。二〇個ほど詰め合わされた箱を冷蔵庫に入れて、少しずつ食べさせていた。しかし、子どもたちは、そのチョコをもう食べられないという。鈴木さんに親しくしてもらっていた子どもたちは、チョコに鈴木さんの気持ちや思い出を重ねて見るので、食べてなくなってしまうことが寂しいのだろう。

＊8―田中雅一の編集した3巻のフェティシズム研究（1巻『フェティシズム論の系譜と展望』、2巻『越境するモノ』、3巻『侵犯する身体』）にはさまざまなフェティシズム論、調査研究が展開され、きわめて興味深い。

＊9―聖遺物はむろんイスラム教にもある。詳しくは小牧幸代「聖なる複製・商品の信仰空間：イスラームの聖遺物とフェティシズム」（田中雅一編『越境するモノ』フェティシズム研究２、二〇一四収）

＊10―脳は感覚情報をあらゆる抽象化レベルで常に予測しながら更新し、また予測と実際の感覚入力が異なる場合にはその誤差信号を発信すると考える理論。

＊11―生物は外界についての内部モデルを脳内に生成し、たえず外界の状態を内部モデルの状態に近づけ、差分を小さくしようとすることで、外界に適応できると考える理論。

＊12―久保（川合）南海子『「操る」科学認知科学で考察する現代の闇（仮）』集英社新書

第5章 認知科学で進化の秘密に迫る

ここまで具体例を見ながらプロジェクションの可能性を示唆してきたが、ここからはさらに多くの仮説が含まれていることをあらかじめ断っておく。

プロジェクションが人類の進化と深く関わっているという説は、認知の研究を進化と結びつけたいと長年考えていた私にとっては格好の研究テーマである。

人類の進化は多くの人の興味を惹きつけてやまないテーマだ。邦文に限っても三桁以上の数の書籍が出版されているだろう。

私は人類進化の専門家ではないが、熱心なファンであり、何十冊も本を持っている。これらの本を読むと、なぜ二足歩行をするのか、なぜホモ属は我々だけが残ったのか、どうして言語を話すのか、なぜ新石器時代に世界各地でほぼ同時に独立に文明が生み出されたのか、そして、どうしてこんなに急速に発展したのか……、といったようにとめどなく疑問が湧いてくる。

進化のどの時点を取り上げるのか、またどの疑問に応じるのかなどでいろいろと答えは異なっているが、人類がこれほどまでに進化した理由は本当にさまざまな説が唱えられている。たとえば次のようなものがある。

・脳が大きくなったからだ

・二足歩行で手が自由になったからだ
・繁殖周期が他のホモ属に比べて短かったからだ
・おばあちゃんがいたからだ
・火を利用し、調理が可能になったからだ
・農業が始まったからだ
・集団のサイズが大きくなったからだ

これらのさまざまな仮説の提案するものが、進化の上でなんらかの役割を果たしてきたことは、貢献の程度の違いはあれ、おそらく事実であり、まったくの間違いというものはないのだろう。先のリストは生物学的、社会学的なものに重点をおいた説明である。一方で、

・徒弟制などの文化的な学習、伝達が可能になったからだ
・虚構を信じることが可能になったからだ
・利他的な、協力する心を持ったからだ
・同じ信念を共有できたからだ
・自己家畜化（社会化といってもよい）が進んだからだ

といったようにヒトの心に焦点を当てた説明も存在する。これらについても膨大な数の研究がある。それらの仮説は用語こそ用いないが、プロジェクション、特に第2章で述べた重ね描きモデルで用いられるフィルタの考えを当てはめることで、人類の進化について情報を提供できると考える。

そうした次第で人類進化を通してプロジェクションを検討するというのがこの章である。誤解のないように付け加えれば、ここで行うことは進化を説明することではない。以降に書くことは二〇二〇年以降、理化学研究所の入來《いりき》篤史《あつし》、東海大学の田中彰吾《たなかしょうご》との共同研究に基づいていることをお断りしておく。[*1]

進化についてのおさらい

進化とよく混同されるのが進歩という概念だ。進歩は良いもの、優れたものになっていくことを意味している。つまり進歩の前後には優劣の差がある。一方、進化は必ずしも優れたものに変化するわけではない。ニホンザルよりはチンパンジーの方が優れており、チンパンジーよりヒトの方が優れている、ということは成立しない。

人間は何でも一次元で序列化したがる傾向がある。そういう考え方は進歩を説明できても、進化は説明できない。四則演算ができるかどうかで序列化すれば、人間が最上位に来ることは間違いない。だが、人間が丸裸にされて何も持たずに森に放置されれば、おそらく一週間も生き延びられない。

一方、チンパンジーたちは元々丸裸で森で暮らしている。そうした次第だから、軸の取り方によって賢さや有能さは変わってくる。

さて進化というのには二つの前提がある。一つは個体差があるということだ。生物は通常、個体ごとにわずかに遺伝子の配列が異なり、身体の大きさや頑強さ、免疫への抵抗力、行動特性などに違いがある。

もう一つは自然界ではリソースの欠乏が起きるという前提だ。これは野生の生活を想定したものだが、生存に必要な食料は常にふんだんにあるわけではない。また生殖に必要なパートナーもいつでも必ず得られるものではない。だからそれらを得るための競争が起こる。そして、リソース取得に有利な特性を持つ個体は生きながらえ、次世代にその遺伝子（有性生殖の場合その半分）を伝えることができる。

つまり生存に有利な特性を持つ個体が存在し続ける。これは同語反復だ。

アメリカの一部の人たちは、ダーウィンの進化論は仮説に過ぎないのだから、インテリジェント・デザインと呼ばれる別の仮説と同じように生物学の授業で教えなければならないと主張している。

インテリジェント・デザイン説とは、進化がランダムに生じて、このような高い知性を持った生物（人間）が地球上に出現するはずはない。それは、高度な知性を持った存在（インテリジェント）が、あらかじめ進化を通じて人間が出現するように設計（デザイン）していたに違いないという反駁《はんばく》不可能な「仮説」のことをいう。科学では反証不可能な仮説は仮説として扱われない。

進化とは適応度を高めることだ。何に対する適応かといえば、自分の生息環境に対してである。その環境で生存し、子孫を残す確率を高める変化が進化だ。だから進化は万能選手を生み出すわけではない。

チーターのように速く走り、クマやゴリラのような腕力を持ち、どんなものでも消化できて、一年中繁殖でき、スマホを開発してそれを使いこなす、そんな生き物はいない。

なぜなら必要がないからだ。生殖可能な時期まで安全に暮らし、必要な栄養を摂取でき、つがいとなる個体を獲得できる性質を持つことができれば生物は種を存続させることができる。あくまである環境に適した形の変化を進化と呼ぶ。

しかし適応における問題は、環境がずっと同じ状態ではないという点である。

現在、地球の気温は上昇を続けている。しかしこのレベルの環境の変化は地球には何度も訪れている。地球温暖化以上の過去に起きた大きな環境の変化は、生物の大量絶滅をもたらすほどだった。火山の爆発、隕石の衝突に伴う気候の変容が実際に起きた最大レベルの環境の変化だろう。また大量絶滅までいかなくても、繰り返し訪れる氷河期と間氷期も相当に劇的な変化である。

　これらがもたらす気温の劇的な変化に何とか対応できる生物学的な資質があったとしても、食料となる植物、小魚の餌となるプランクトンなどが死滅してしまえば、食物連鎖の中にいる生き物は絶滅してしまう。こうした変動を乗り越えて、変化後の環境に適応した生き物たちが現在の動植物界を形成している。

　こうした環境の変化と進化との関わりを面白い比喩を用いて説明したのが、哲学者のダニエル・デネットである。彼は進化とは十種競技のようなものだという。ただしそれは現行の十種競技とは異なり、トーナメント、つまり勝ち抜き戦の十種競技だ。つまり上位の何割かが次の競技に進める。これだと最後に勝ち残ったものが最も優れているかどうかはわからない。

　なぜならば初めの競技で惜しくもトーナメント落ちした個体が、残りの九種目はすべて一位をとる能力があった可能性もあるからだ。進化というのはこうしたトーナメント方式なので、今生き残っている生物が最も優れているということにはならない。

三元ニッチ構築という考え

人の心は魂によって働くのではない。そこには生物学的な基盤が存在する。つまり人間の心について考える場合、心の進化についても考えなければならない。

心を担う生物学的基盤は、ニューロン（神経細胞）とグリア細胞からなる脳だ。ニューロンは脳内に一千億個存在しているといわれ、シナプス結合を通じて巨大なネットワークを構成している。これらはお互いに連携したり、妨害したりしながら、電気信号を伝え合う。こうした生理学的な働きが心の働きを支えている。

二百万年前くらいに現れたホモ属の脳容量は六〇〇～七〇〇ccだったが、我々ホモ・サピエンスの脳容量はおおよそその二倍である。こうした脳容量の増大が、ヒト固有の心の働き、行動のパターンを生み出したことはほぼ間違いないだろう。

むろん脳の大きさだけでいえば、ヒトより大きな生き物は存在する。だから大きさだけを比べてもしょうがない。[*2] 問題となるのは脳の構造の違いである。ヒトの場合は特に大脳皮質と呼ばれる部位が非常に発達している。またその中でも感覚情報の処理や運動指令に直接には関わらない連合野と呼ばれる部位が大きい。それがプロジェクションを可能にする重要な役割を担っている。

一方、心は脳の中だけでは完結しない。心はそれが働く環境と切り離して考えることはできない。ヒトの進化を考える上で重要なのは、ヒトが社会的な生き物であるということだ。餌がどこにあるかを知る、捕食者から逃げる、生殖の相手を見つける、という自然環境レベルの能力だけでなく、集団の中で他の個体とうまく生活するという社会的なレベルでの適応も人間には求められるのだ。進化人類学者のロビン・ダンバーたちが提唱する「社会脳」という考え方は、この事実に基づいて打ち立てられている。

もう一つさらに重要なことは、ヒトは他の動物とは異なり、自分の生息する環境自体を作り出すことができる点だ。むろんどんな生き物でも環境の中で活動することで、環境それ自体に変化をもたらす。草原で草を食む生き物は、草原の環境を変化させる。

しかしヒトの環境改変能力は他の動物とは比較にならない。特にさまざまな道具の製作と使用によって、環境を激変させてきた。

人類は身に纏う衣服を製作・使用することにより、旧石器時代の終わる前には裸同然の姿であれば生息できない寒冷地でも生活することができるようになった。石器、投槍器《とうそうき》、火の使用により、さまざまな獲物を捕らえ、効率良く栄養を摂取できた。捕食者のいる危険な環境や、獲物がいるにはいるが狩りができない不毛の大地を、自身の有り様を変化させることで生存に適した環境へと変化させたのだ。

確かに東京の一部やマンハッタン、シンガポールを見ると、およそ自然の環境変化ではあり得ない世界が広がっている。そうすると、まるで地球が人工の世界になったかのような印象を受けるかもしれない。こうした人間の暮らす環境に変化をもたらした最大の要因は縫い針の発明だろう。布を身に纏うことで、特に寒冷地への適応が進んだ。その結果、旧石器時代の後半に、南極大陸を除くほぼすべての地域にホモ・サピエンスが進出したのだ。

あらゆる生物は、生息環境の制約を強く受ける。それぞれの環境に適応すべく生物は進化を遂げてきた。そのため、生物は自分たちが進化した場の環境以外では暮らすことができない。人間だけが、本来の生息域をはるかに超えて適応放散した。

二十年来の友人である入來篤史は、進化を、脳、心、環境の三つの相互依存的な関係の中で捉えるという三元ニッチ構築理論という壮大な理論を提唱している[*3]。つまり心の進化というものを考えるときに、それを支える神経基盤、生息環境と一体で考えるのだ。

これは脳、環境が原因で心が生まれるという単純な因果を想定するものではない。進化というのは、運動をしなければ体重が増えるといった単純な話ではない。何もないのに勝手に脳が大きくなることなどあり得ない。脳の進化は心の進化とともに相互作用しながら進化したのだ。なぜならば心が進化することで、道具を用いたり、火を起こしたりすることが可能になり、生息環境が変化し、脳にも変化が生じるからだ。

環境が究極因かといえばそうではない。特に人間の場合には、環境に働きかけることで環境自体を変化させることができる。こうした複雑な関係を説明しようという試みが三元ニッチ構築という考え方である。

プロジェクションという発想の基本は、世界と心、そして脳を結びつけるということにある。そこで進化の道筋を追いながら、人類史においてどのようにプロジェクションが生み出され、洗練、発達してきたのかを考えてみたい。

刺激に対する反応

現在生存している生き物は（少なくとも現在の）環境の中で適応的な行動を取る。適応的というのは、餌を取る、捕食者から逃げる、つがいを見つけるといった種が生存し続けるために最低限必要な行動のことである。

捕食対象やパートナーは、自分の脳内に存在するわけではなく、世界の中に存在している。だから、自分の内部状態と世界とを結びつけなければ、危険から逃れたり、欲求が満たされたりすることはない。ではどんな生き物（少なくとも動物）でも、プロジェクションをしているといえるのだろうか。実は、まったくプロジェクションをしない生物たちも存在する。

プロジェクションなき生き物がとる戦略は、感覚―運動協応というものである。一定の感覚が得られると、それに対応する運動が自動的にリリースされる。中枢系が存在しない、あるいは未発達な生き物では、世界の状態、つまりある刺激（群）に対して、進化、あるいは学習によって獲得した行動パターンを反射的に実行する。

昆虫などに顕著であるが、それ以降に現れた動物も、大脳中枢を介さずにさまざまな行動を取っている。たとえばゴキブリでは捕食者の運動によって生じたわずかな風を、身体後部にある検知器＝尾葉に生えている産毛のようなものの振動パターンとして捉える。そしてその振動パターンは、ダイレクトに脚を動かす神経を駆動する。だから尾葉が、外敵が生み出す風のパターンを検知すれば、自動的に脚が動くのだ。これによって驚くべき速さで逃避行動が生み出される（風の吹き始めから百分の数秒程度で逃げ始める）。

つまり「これこれの環境だから、これこれの行動を取ろう」という考えで行動しているわけではなく、環境と自分がそこで取るべき行動は不分離、一体となっているのだ。これは大脳中枢を持たない生き物のみならず、中枢系を持つ生き物においても起きる行動である。たとえば、私たちに向かって高速で迫ってくる物体があると、反射的に目を閉じてしまう。

こうした話をするときに欠かせないのは、ユクスキュルの提唱した「環世界（Umwelt）」という概念だ。彼は、動物がその種に固有の感覚器、効果器をベースにして、独特な世界＝環世界を作り出し、その中で活動を行っていると主張する。彼の著書は何冊も翻訳されているが、読んでいて楽しい『生物から見た世界』をここでは紹介する。豊富なイラストとともに、動物たちの世界が活き活きと描き出された一冊だ。

『生物から見た世界』の冒頭にある興味深い例を取り上げてみたい。ダニの一種には、マダニという不思議な生き物がいる。このマダニのメスは妊娠をすると適当な高さの灌木に登り、枝の一つにぶら下がる。そしてその下を哺乳類が通過すると、脚を枝から離して、落下する。その後、哺乳類の毛のない柔らかい部分に移動して、血をたっぷり吸い、出産の準備をするのだ。

下等な生き物の行動はそんなものだろうと思われるかもしれない。しかし驚くべきことが二つある。まずマダニには視覚も聴覚もないといわれている。ではどうやって脚を枝から離すのだろうか。それは哺乳類の動物が放つ酪酸という臭い刺激を感知したときだ。

この嗅覚系が作用した後は、触覚、温度感覚に基づく行動がなされる。つまりこのダニの環世界はたった三つの感覚と、三つの感覚に対応した行動から成り立っている。しかしこのたった三つの感覚によってダニは確実な行動を生み出す。ユクスキュルはこれを以下のように述べている。

> ダニを取り囲む豊かな世界は崩れさり、重要なものとしてはわずか三つの知覚標識と三つの作用標識からなる貧弱な姿に、つまりダニの環世界に変わる。だが環世界のこの貧弱さはまさに行動の確実さの前提であり、確実さは豊かさより重要なのである。

（ユクスキュル・クリサート著、日高敏隆・羽田節子訳『生物から見た世界』岩波文庫、22ページ）

私はユクスキュルの描く人間も含めた動物の環世界という考え方に強く惹かれてきた。動物たちは刺激を受容するだけでなく、それに応じた運動・行為を通して世界とつながっているからである。

この考え方は、世界を行為の可能性の総体として捉えるジェームズ・ギブソンのアフォーダンスの考え方にもつながる。

行動を誘発するデザイン

アフォーダンスとは、環境が動物（人間）に対して与える「意味」のことをいう。たとえば、初めて入るドアでも、図5－1のようなノブの形（環境）が提示されることで、私たちは無意識のうちに回すか下げるかを判断できる。これはノブの形状がどのような行動を取るべきかという意味を、私たちに与えるからだと考えられる。この考えがアフォーダンスだ。

またロドニー・ブルックスのロボットの設計原理にも環世界の考えを当てはめることができる。MITコンピュータ科学・人工知能研究所の所長であったロドニー・ブルックスは、家庭用掃除ロボット（ルンバ）に実装されているサブサンプション・アーキテクチャーという設計

図5-1　アフォーダンスにのっとって人は行動を選択する

原理を提唱した。これは、複雑で知的な振る舞いを多数の単純な振る舞いからなる行動要素に分割し、その要素に階層構造を与え、上位の振る舞いが下位の振る舞いを制御する仕組みのことをいう。

　多くの動物の知的な振る舞いも階層構造があると考えられている。たとえば餌を探す生物はまず「餌の匂いがある方へ直進する」。ところが「穴があれば迂回する」必要がある。このような状況と同じことをロボットに実装するには、最下層に設定した「直進する」という行動を抑制して「迂回する」という行動を優先する、上位層が下位層をコントロールする権限が与えられていればよい、ということになる[*4]。

　しかしマダニあるいはそれに類した生物がプロジェクションをしているかと問われれば、否と答えたい。その理由は、環境内の特定の刺激が特定の時点で特定の行動を生起させているだけだからである。妊娠したマダニにとっての世界は酪酸の有無というたった一つの指標だけで成立している。

むろん人間も含めたどんな動物もすべての刺激を受け取り、それを処理、統合し、世界を作り出しているわけではない。しかしごくごく限られた感覚器から得られる信号と、それによるダイレクトな行動だけの生き物には、プロジェクションという仕組みは必要ないように思える。ただ、これは多くの推測を含むものであり、私なりの暫定的な解釈と思っていただきたい。

マダニのような生き物がプロジェクションをしていないという考え方には、もう一つの直接的な理由がある。プロジェクションは生体の内部の状態（＝表象）をフィルタとして用いて世界に表象を映し出すという心の働きであるが、内部の状態と外部の状態を統合する必要がある。しかし、マダニたちには内部と外部を統合する神経系＝連合野が存在していないのである。

身体部位の結合

中枢系、特に連合野の拡大によって、さまざまな感覚からの情報が統合されるようになる。特に大事なのは、外の世界からの視覚、聴覚の情報と、自分の内的な感覚（自己受容感覚、内受容感覚）の統合である。これによって、世界の中の出来事と私が今感じていることが結びつく。つまり私の周りに実際に世界が広がるのである。

大脳皮質には、それぞれの感覚に応じた専門の処理領域がある。眼で見た情報は視覚野、耳で聞いた情報は聴覚野、触り心地や身体をどう動かしているかという感覚は体性感覚野が処理を担う。

しかし、それらがばらばらでは困る。「リンゴ」という文字やリンゴの光景を、「リ」「ン」「ゴ」という音をまとめないと言葉を話すことも理解することもできない。こうした統合を行うのが連合野である。連合野というのは、大脳皮質の中で感覚（入力）、運動（出力）に直接関わらない部分を指す。前頭、側頭、頭頂の各々に存在している。頭頂連合野は視覚、聴覚などの外部由来の情報と触覚などの体性感覚、平衡（前庭）感覚などの内部由来の情報を受け取っている。

入來らの研究チームは、触覚や運動の実行の命令を出す体性感覚野のうち、なかでも初めに一次体性感覚野で処理された情報が伝えられた後の、二番目の処理が行われる二次体性感覚野の研究を進めている。

この領域は、てんかんの患部を切除するために局所麻酔をしている患者の大脳皮質を電気刺激し、身体のどこが触られているように感じるかを調べたペンフィールドの体性感覚地図で有名な一次体性感覚野の下に位置する。二次体性感覚野は、頭頂弁蓋部と呼ばれる場所である。

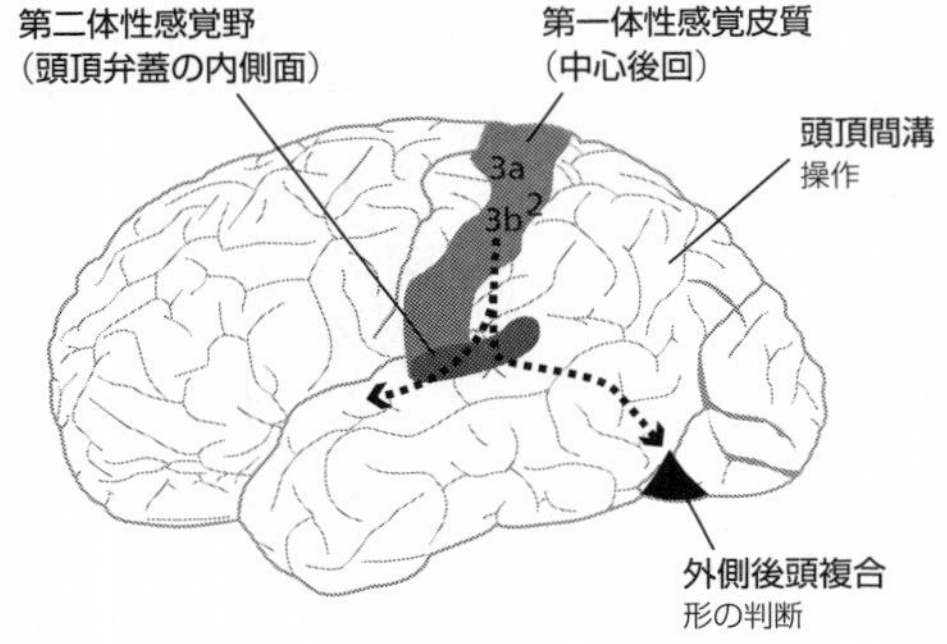

図5-2　各連合野を示した図

(花田恵介「頭頂弁蓋部を含む病巣による体性感覚障害」高次脳機能研究 40、338-347、2020)

図5－2を見てほしい。

身体部位と直接的な対応関係がある一次体性感覚野とは異なり、二次体性感覚野はより複雑な情報の処理を行っている。特に重要なのは、ここのニューロン群は、視覚や、聴覚に関わる神経情報と、触覚をはじめとする自分の体性感覚情報の双方に反応するということである。

さらにこの領野と結合関係がある近傍の組織（側頭―頭頂接合部：TPJなど）は自己意識、社会関係に関わる高次の内部・外部情報に対しても反応することが、多くの研究から明らかにされている。入來らはこうしたこれまでの研究結果に基づき、この領域で世界内身体地図（body-in-the-world map）が生み出されるという[*5]。

世界内身体地図とは、世界の中で自分の身体がどのように存在し、振る舞えるのかを把握する能力である。この力によって、身体のどこが曲げられるのか、身の回りのどこまで身体が届くのか、といった外界と身体の関係性を把握することができる。

これはプロジェクションの観点からすると、とても重大な出来事である。なぜならプロジェクション科学の主要な目標の一つは、世界と心がどうつながるかを考える学問だからだ。

客観的、物理的な世界と心の世界は、まったく別の仕組みで動いている。しかし連合野の形成によって、視覚、聴覚という外部世界を伝える情報と、そこでの感情や身体の情報という内部の情報がつながる。これによって、世界の中の私が生み出される脳内基盤ができる。

「現在」という枠を超えた人類

身体部位をプロジェクションした結果は、進化や適切な学習の結果生み出される感覚―運動協応的な反応と見た目はあまり変わらないかもしれない。しかし反射のように手足が動くのではなく、世界の状態の（暗黙の）認識の上で行為が生み出されることは、その後の進化にとって重要なステップとなる。

たとえば、集団で狩りをする大型哺乳類の場合はどうだろうか。獲物となる動物の位置や動きと自分の位置、動きの情報だけでなく、仲間についての情報も必要となる。また獲物も仲間も動いているので、情報を絶えず更新して統合を行っていかねばならない。こうした行動を感覚―運動協応だけで行うのは非常に困難だ。

身体部位のプロジェクションで用いられるフィルタはどんなものだろうか。連合野はヒトに固有のものではない。ヒトと比べてそのボリュームははるかに小さいが他の哺乳類にも連合野が存在する。だから身体部位のプロジェクションが用意するフィルタは、これらの生き物にも共通するものである可能性が高い。それはおそらく、危険の回避、採餌、生殖などの生物の生存、繁殖にとって重要な情報を含む「生物学的」フィルタだと思われる。[*6]

ただ固有感覚、内受容感覚などの内部情報が反応に付加されるので、その行動は反射的なものとは区別される。

身体部位のプロジェクションによって、感覚―運動協応を超えた、より柔軟な認知と行為が可能になる。それは世界の状態と自己が（暗黙のうちに）結びつくからである。

しかしこの段階では世界がそのさまざまな場所から発する情報を、危険回避、採餌、生殖などの生物学的フィルタを通して知覚し、そうした欲求を満たすための行動を取るというレベルにとどまると考えられる。

この状態では、イマ・ココの中で自分が行えるルーチン的な行為のレパートリーの中で目の前の世界が認識され、それに対するアクションが行われるに過ぎない。ハイデガーはこれを被投と呼んだ。被投というのは、投げ込まれた（being-thrown）という意味である。

人間以外の個体は目の前の環境に対して、自らの目的を達成するという実践的な活動に没頭しているのであり、現状を分析したり、未来を考えたり、過去と対比したりするなどの行動は取らない。とはいえ、私たちヒトの日常生活であってもたいていは目の前の環境に対する処理で済んでしまう。ヒトも各々の行為の時点で未来を考えたり、過去の自分を参照したりしながら生活を行っているわけではないからだ。

ただこのような認知の様式は、見た目の上では感覚―運動協応と区別できないケースが多い（特に行為が円滑に行われているとき）。一つの行為を行うときのやり方は一つに絞られないからだ。

キーボードで「S」のキーを押すとき、キーボードを探索し、真ん中左あたりにそれを見つけ、ようやくそのキーに指を伸ばすというようなやり方でSを打つことはできる。しかし熟練すれば、こうしたプロセスはすべて不要であり、目視せずとも単に薬指がそのキーを押すだけである。結果としてSが押されることに変わりはないが、そのプロセス、メカニズムには大きな違いがある。

感覚―運動協応と身体部位のプロジェクションにも同様の違いが存在する。パッと見ただけでは、「S」を押す行為が、感覚―運動協応なのか、同じ身体部位のプロジェクションが繰り返されたことで熟練された行動なのかを、見分けるのは難しい。

道具の身体化と自己の対象化

プロジェクションがさらに洗練されたものになるためには何が必要だろうか。入來はこれを考える上での重要な研究を、三十年も前に報告している。

この研究はサルに道具使用を学習させたときの脳の活動の変化を追うものである。サルも私たちも自分の手が届く範囲になんらかの刺激（ポインタで光を当てるなど）が与えられると、それに対応した脳の部位が活動する。[*7]

体性感覚野にあるこのニューロンは「自分の手が届く」という範囲を把握する能力を担当していると考えられる。

通常、認知の対象となるモノは網膜のどこに映っているかということでその位置が把握される。たとえば、身体から向かって正面手前の床にレーザーポインタの光を当てれば、ニューロンAが活動する。しかしニューロンAは、身体の横側にポインタを当てても反応しない。つまり、ニューロンAが活動するかどうかに、自分の手がどこにあるかは関係ない。

一方、ニューロンBは、モノが自分の手の付近にあると活動を始める。たとえば、ニューロンBは、手の近くにレーザーポインタの光が当てられたときにだけ反応し、手が身体の前にあ

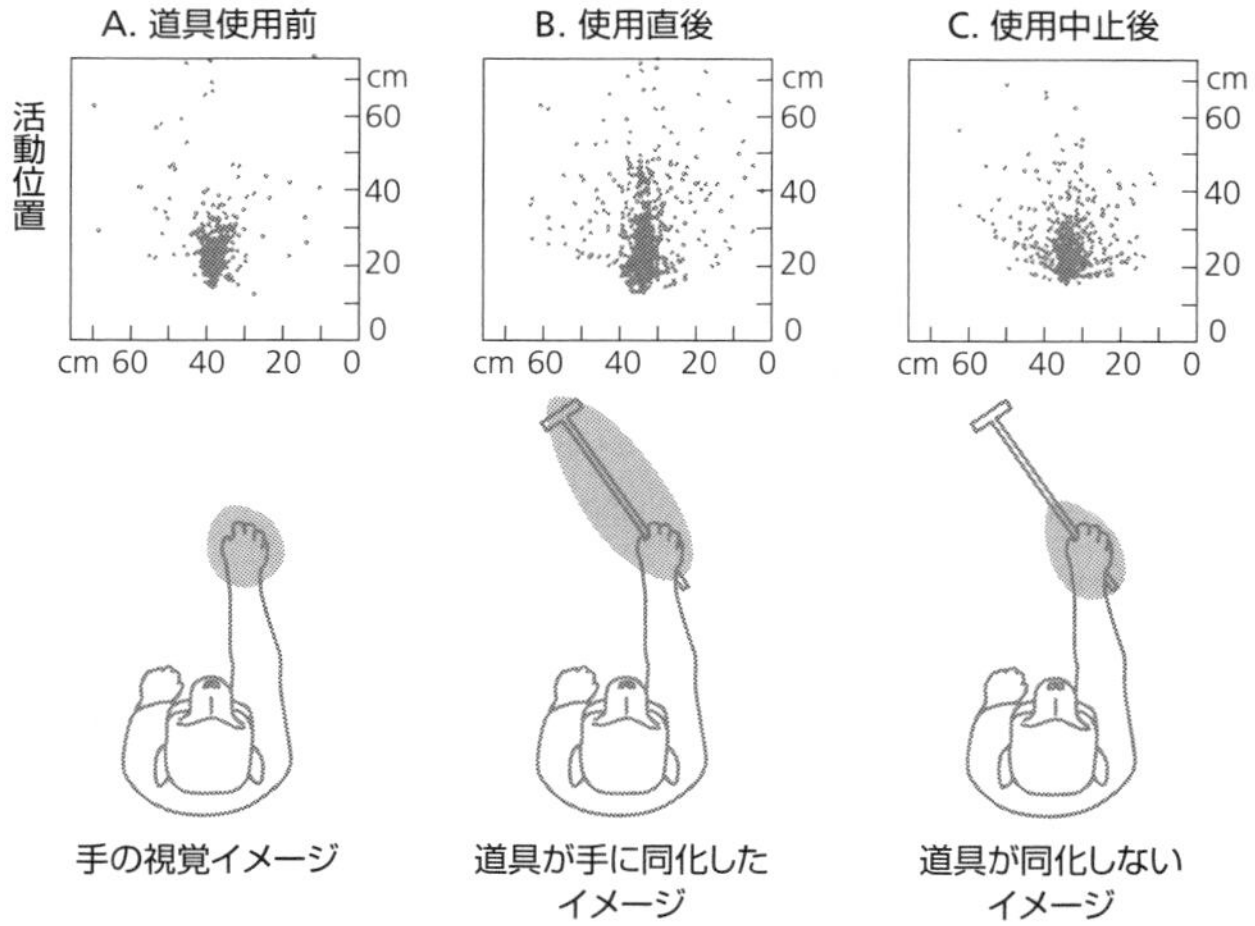

図5-3　道具使用の有無によるバイモーダルニューロンの受容野の変化
（入來篤史「道具を使う――心と言語とヒトが生まれるとき」RIKEN NEWS No.329, 2008）

るか、横にあるかといった位置は関係ない。このような振る舞いをするニューロンたちは手だけに限らず身体の部位に応じて存在するので、「自分の身体の周り」がどこであるかがわかっているかのような振る舞いをするのである。

　しかし、このニューロンBは自分の身体の到達範囲を超えたところに同じ刺激が与えられても、そうした脳活動は生じない。ところが訓練を重ねて熊手（道具）で餌を取れるようになると、状況が一変する。熊手を握っているときは、熊手の到達範囲（本来なら自分の手では届かない）に与えられた刺激に対して、手が届く範囲にレーザーポインタの光が当てられたときに活性化するニューロンB

に活動が見られるようになる（図5－3を参照）。

まさに熟練したテニスプレイヤーが、ラケットを自分の手の延長のように感じるような振る舞いを、このニューロンBは担っているのである。

またもっと驚くべきことは、熊手（道具）で餌を取れるようになったサルは、ビデオ映像に映った自分が動かす道具を見ても同じことができるということだ。自分の手と道具が映っているモニターを見ながら、サルは上手に餌を取れるようになる。

そしてこのときにも脳の同じ領域のニューロンが同様の活動をするのである。つまり、道具を使えるようになったサルは、身体の範囲を道具の先にまで拡張するだけでなく、今度はモニターの画面（に映った自分が道具を動かせる範囲）にまで、身体の範囲を拡張したのである。

その後の実験では、訓練を受けたサルでは道具使用に対応する脳領域の容量も拡大することが明らかになった。つまり道具を使用する技能を獲得することによって認知的な変化が生じ、脳も変化するのだ。

さて道具の身体化は何を生み出すのだろうか。入來たちは、「自己の対象化」が起こる可能性を指摘している。自己の対象化とは、自己を外の世界にあるモノのように見なすことを指す。ふつう自己は基本的に主体であり、対象（＝客体）ではない。しかし人間においては、自己をモノのように捉えることができる。第3章で述べた身体の装飾、加工の前提には、この自己の対象化が存在する。自分の身体を何かモノのように考えなければ、身体加工は不可能だろう。

また、全身のプロジェクションも、自身を客体として見ているといえるだろう。

自己の対象化には、その生物がとり得る姿勢も重要な意味を持つ。四足歩行する生き物の中でも、座る、立つという姿勢を取れない生き物が自己対象化を身につけるのは難しい。なぜなら四足歩行の動物では、自分の姿を視覚的に捉えることが困難だからだ。おそらくせいぜい前足程度しか、視覚の範囲内には入らない。

一方、座ったり、立ったりする生き物は、手だけでなく、自分の身体の前面をほぼ視界に入れることが可能になる[*8]。つまり自分の周りのさまざまなモノ同様、自分を対象として見ることができる[*9]。

さて道具というモノの身体化、つまり「対象（道具）は自己（の一部）」ということから、「自己は対象である」という認識の成立には飛躍がある。つまりP→Qから、Q→Pを導き出すことになるからだ。論理学的な観点から見れば、これは妥当なものではないと見なされる。「逆もまた真」は必ずしも成立する論理式ではないからだ。

確かに妥当であるという保証はないが、人間はこうした妥当ではない推測をよくやる。「雨が降ったら地面が濡れる」ということを知っていると、地面が濡れていると「雨が降った」と考えてしまう。「酒を飲めば顔が赤くなる」を知っていると、赤い顔をした人は「酒を飲んだ」と思われる。

こうした思考は人間の非合理性を示すものとして取り上げられてきた。しかし驚くべきことに、この思考はなぜかほぼ人間しかできない。

動物の知性を研究している科学者たちは、この思考が動物でも可能か否かを徹底的に調べてきた。実験例を紹介しよう。

さまざまな動物に赤い布を見せて「赤」と印字してあるカード、青い布を見せて「青」と印字してあるカードを選べるように訓練を行う。完全にこれができるようになった時点で、今度は逆に「赤」のカードを見せて、その前に赤い布と青い布を提示する。しかし、とても賢いといわれているチンパンジーですら、赤い布を見せて「赤」のカードを選べていたにもかかわらず、「赤」のカードを見せても赤い布を選べない。選択は完全にランダムになってしまう。

人間はもちろん簡単にできる。二歳程度の子どもでもできるといわれている。

大半の読者の方は、なんでこんなことを動物にやらせるんだ、やらせて何かいいことがあるのかと思うだろう。だが、実はこれはとても大事なことなのだ。

コトバというものがまさにこの思考を前提としているからだ。ある対象とその名称は対称性を持っている。XがYという名称であれば、Yという名称はXを指す。あまりに当たり前のことだ。

たとえば、子どもに言葉を教える場面を考えてみる。子どもの前にスマホを出し、「スマホだよ」と声に出して教える。その後、今度は「スマホはどれ」と聞いてみる。すると子どもはすぐに目の前のものを指す。

これは実物のスマホ（の視覚像）と「ス・マ・ホ」という音の間の関係を学習すると、その逆の「ス・マ・ホ」という音から、その視覚像への関係が自動的に成立していることを示している。人間はこうした対称性を持つ思考ができるから、言語を習得できたのだと主張されている[*10]。

対称性を理解できるのは人間だけ

さて言語習得の基本に対称性の理解があるか否かは別として、この思考が人間に固有であることはほぼ確実である。こうした人間の固有の思考と、道具使用、そして座位・立位という特性が組み合わされて、自己の対象化が可能になったのではないだろうか。

つまり道具の使用により、道具の身体化（自己の一部と見なす）すなわち、身体部位のプロジェクションが行われるようになった。これはサルでもできることだ。これに加えてヒトは、座位・立位によって自分の身体を見ることが可能だ。入來によれば、少なくとも座位によって身体の大半が見えるようになる動物しか、可視できているとは見なされない。これらに加えて、人間固有の対称性という思考によって、世界は見ることができる対象＝プロジェクション可能な対象であり、見ることができる（顔以外の）身体全体も、世界に存在する対象可能な物体と同じようにプロジェクションが可能な対象と認識できるようになる。こうして、全身のプロジェクションがなされることによって、本来は操作可能ではないはずの身体（つまり自己）が、対象化されるというわけだ。

道具使用、そして座位・立位ということを契機にして、自己の対象化が起きる。しかし、自己が対象化されるというのは何を意味するのだろうか。それは自分の心の世界の中に、客観的に見渡せるような自分自身が入り込むということである。

周りにある机、コップ、コンピュータと同じように、自分というものが、心の中に存在するようになる。第3章で説明したセルフ・プロジェクションの獲得によって、人間は新たなステージへとたどり着くのだ。

予測、プランニングが人類の歴史を変えた

全身のプロジェクション、つまり自分が自分の心の中に入り込むことによって、一挙に世界は広がる。セルフ・プロジェクションというのは、自分の姿、イメージが心の中に描き出されるということだけを示すわけではない。自分の運動、行為も心の世界に描き出される。

これは何を生み出すかといえば、予測、プラン、つまり未来を描き出す能力である。自分がこういう行為を行えば、どういう変化が生み出されるかがシミュレーションを通して予測できる。そして予測に基づいて、自分の将来の行動をプランすることが可能になる。

こうしたプランは人類にとってとても大きな意味を持つことは容易に予想できる。石器に関しても初期（二百五十万年前くらい）のオルドワン石器というものは、単に石を砕いて作られ、断面が鋭利な石、あるいはその剝片《はくへん》であった。

しかしその後に出てくるアシュール型の石器（百七十万年前）はこれとは大きく異なる。石を砕いてできた剝片に、さらに加工を施し、アーモンド型、あるいは三角錐のような形にしたより高度なものだ。これは単に一撃（あるいはもう少し）程度の打撃を与えるだけで出来上がるものとは大きく異なり、初めにある程度のデザインが考えられ、完成図に近づく加工を必要とする。

石器の製作には完成図のイメージだけでなく、現状に自分はどんな行為を行えば完成図に近づくのかという計画が確実に含まれている。つまり、自己の行為が組み込まれた未来の石の姿が、人の心の中に出来上がらなければならないと考えられる。

衣服を縫うための針、武器を磨くための研磨材のように道具作成のための道具も同様だ。道具の製作は行き当たりばったりではなく、最終的に作り出されるイメージ、それを作るために必要な行為、それを可能にする道具のイメージ、それに必要な行為、などという何段階ものプランニングが必要とされる。

そしてこのようにして高度な石器を携えた人類は、石器を用いた自分の行為だけでなく、それによって変化する環境をも心の中に描くことが可能になる。

熊手を使えるようになったサルはその環境の意味が変化し、脳の容量や働きが変化した。これと同様に、人類の環境も高度な石器を使えるようになったことで変化し、新たな課題が解決可能になる。それによって環境（の意味）が変わってくる。環境が変化すれば、そこで必要になることが変化する。これが心にある課題を課し、それがまた脳の変化を生み出す[*11]。

グレート・ジャーニーと呼ばれるホモ・サピエンスの大移動も、こうしたセルフ・プロジェクションによる予測、プランが深く関わっていることは疑いない。大移動についてはさまざまな説が唱えられている。集団の数、食料確保、他の種による居住地からの放逐といったものが、大移動の理由ではないかという説である。これらの仮説が間違っているというわけではないが、そこに全身のプロジェクションが可能にした予測、プランニングが関与している可能性はきわめて高い。

オーストラリア大陸への移動は五、六万年前といわれている。この時期の地形は現在とはだいぶ異なるし、氷期ゆえ海岸線も後退しているが、大陸までは九〇キロメートルの海を渡らねばならなかった。むろん船、航海術がなければ不可能であるが、これらのいずれにも、全身のプロジェクションによるプランニングは必須であろう。

　またおよそ二万年前とされるアメリカ大陸への移動も同様である。獲物を追いかけているうちに移動したという説もあるが、なんの準備もなしに獲物がいるという理由だけで追跡を続けられるほど甘い環境ではない。氷河期ゆえ陸続きだったとはいえ、準備なしに極寒のベーリング海峡を渡り、アメリカ大陸にたどり着けるはずがないのだ。

　当時利用可能であった材料と技術だけで作った船で、実際に台湾から沖縄諸島まで人力で到達できることを証明した実験人類学者の海部《かいふ》陽介《ようすけ》らは、どのようにして人類が南方から日本列島へ到着したかを示している。そもそも台湾から琉球列島の島に渡るとき、行き先の島を見ることはできないほど距離がある（与那国島までおよそ一〇〇キロメートル）。そこに行き着けるだけの丈夫な船を作り、航海中に必要な食料を揃え、なんらかの方法で自らの位置を確かめられることを事前に知っていなければ、この航海は不可能だ。

自伝的記憶が自己を創り上げる

　さて自己が自分自身の心の対象になるというのは、他の重要な認知的変化をも生み出す。

　それは記憶だ。記憶といっても、いろいろな分類があるが、ここで取り上げるのは、出来事の記憶であるエピソード記憶（episodic memory）の中で、自己が関わる出来事についての記憶、自伝的記憶（autobiographical memory）だ。

　簡単にいえば思い出である。ただ、思い出といっても、単に思い出に浸るとか、思い出して後悔するとか、そういう意味を指すわけではない。

　自伝的記憶は自己というものにとって大事な意味を持つ。というのは、自己というのは、自分の過去の体験、自分が関わったエピソードの集積、あるいはそのつなぎ合わせだからだ[*12]。自伝的記憶がなくなってしまうと、自己を維持することができなくなり、非常に不安を感じる。泥酔してまったく知らない場所で目覚めるという経験をお持ちの方はよくわかる話だと思う。

　自己の心の中に入り込む自分というのは、こうした体験、エピソードを備えた存在だ。すると現在の場面で類似した過去の体験を想起することが可能になる。つまり経験の再利用が可能になる。

　経験の再利用はもちろん動物たちもできる。学習ができる生き物は経験を利用している。ある刺激に対して、ある反応をしたときに良いこと（餌がもらえた、交尾の相手が寄ってきた）が起きたとする。良いことが繰り返されると、ある刺激には確実に同じ反応をするようになる。こうした経験の再利用は神経細胞が三〇二個しかない線虫ですら行う。ただこれは条件づけという、強力ではあるがきわめて限定されたタイプの再利用である。条件づけは、非常に多数の経験の中から、経験の内容を意識せず、ある刺激に対して勝手に体が反応するタイプの記憶だ。

一方、自伝的記憶というのは、自分で振り返り、考えることができるタイプの記憶で、その出来事については一度しか生じていない。「先週飲みすぎて具合が悪くなった」という体験（自伝的記憶）があると、その先週に限定した状況がまざまざと蘇る。そして体験について考えることが可能になる。何度も飲みすぎて具合が悪くなることはあるが、先週飲みすぎたという出来事は一度きりなのである。

体験について考えることが過去についてなら、後悔であったり、懐かしさが湧いてきたりする。そしてそれが未来に向かえば、前に述べた予測、プランになり、「三合でやめよう」とか「九時には店を出よう」といった考えになる。

記憶研究の世界的権威であるダニエル・シャクターは、こうした私たちの認知を「心の時間旅行」と呼んだ。「心の時間旅行」によって、私たちは「イマ・ココ」の束縛から解放される。現在の中に過去が入り込み、それをもとに未来を考えるのだ。こうした学習に多数回の経験は必要ない。一度で成立することが多い（ただしお酒による記憶の喪失に対する学習のように、簡単には成立しないケースも多い）。

「心の時間旅行」によって人類は大移動、複雑な道具の製作などが可能となった。一方、「死」

への恐怖も生み出された。自分の属する集団内のメンバーたちの死は記憶され、それは自分自身の未来へと投射される。死に様、その後の姿は概して無残なものだから、死を恐れ、避ける気持ちが生み出される。

ごく特殊な例を除けば、人間以外の動物が同種他個体の亡骸《なきがら》を弔うことはない。心に自身が存在しないので、死んだ仲間の姿を自身に投射することができないからだ。

自己と他者の成立

自分の心の世界に自分自身が入り込むということは、自分自身について考えられるようになること、つまり自己というものが成立することを意味する。自己はミニマルな自己とナラティブな自己の二つが存在するが、ここで述べているのは後者の自己である。

目の前のリンゴについて、「どこで作られたのだろう」とか、「おいしいかな」「きれいな色だな」といった考えを持つのと同じように、自分についても「やつれてるなぁ」「これ似合うかな」などと考えられるようになる。これらはすべて自分を自分の心の中に登場させる全身のプロジェクションによって可能になる。

ここでいう「自己」には自分の身体の状態だけではなく、自分の認知状態、感情状態も含まれる。自分が現在どのようなことを考えているのか、楽しいのか、悲しいのか、そうしたことが心の世界の中にはっきりとした形で姿を現す。

さらにどうしたいのか、どうなりたいのかという自己の未来の姿＝プランニング、関連した過去の経験＝自伝的記憶なども心の世界に入り込む。こうしたものをある程度まで一貫した形で組み合わせ、自己についての物語、つまりナラティブを作り出す。

さて、自己を考える上で、もう一つ大事なことがある。それは他者の存在である。実は自己の登場にとって他者は欠かせない。私たちは社会生活を営む生き物である。だから他者との交流をなしにして生きるわけにはいかない。

社会というのは人間にとっての適応すべき環境なのだ。私たちが「やつれてるなぁ」とか「これ似合うかな」と考えるときには、確実に他者が介在している。彼らからどう見られるか、どう受け取られるか、そうしたことが、自分を考えるときに欠かせない前提になっている。

哲学者の鷲田清一は「自己とは他者にとっての他者である」と述べている（鷲田清一『ちぐはぐな身体―ファッションって何？』ちくま文庫、二〇〇五）。つまり自己の認識というのは、他者を通して、他者の心を通しても作り上げられるものだ。[*13]

他者の心を通してといっても、本当に他者の心を観察することはできない。観察できるのは、自分の行為、言葉、外見に対する他者の反応だけだ。あなたが何かを行う、発言する。すると目の前の他者は、それに応じてうなずいたり、嫌な顔をしたり、近づいて抱きしめたり、その場を去ったりする。

他者の反応は心の「産物」であり、他者の心の「状態」ではない。このレベルだけで行動を調整するのは、前に述べた感覚―運動協応に近いものといえる。

ではどうやって他者の反応から心を推察するのだろうか。それは自分の心をプロジェクションすることによって可能になる。

まず、自分自身の心の中に自身が存在するので、さまざまなシミュレーションが可能だ。たとえば、仮に目の前にリンゴがあり、誰かがリンゴを持ち去ったとする。すると、その場面には腹が立つだろうなと予測がつく。他には、乗客がほとんどいない電車内で見知らぬ人が自分の隣に座る場面を考える。恐らく気持ち悪いだろうな、と予測がつく。

他者が行ったことと同じことを自分がしたときに、自分の心の中で何が起こるのかをシミュレーションし、それを他者にプロジェクションするのだ。

子どもに「自分がされたら嫌なことは他の人にしてはいけませんよ」と言うが、これはまさに自分に生じたことを他人に当てはめ（投射し）、どのように感じ考えるかを想像させることで道徳を教えているのだ。

これによって、他者の行動を引き起こした心的な原因（信念、欲求）がある程度まで推測できる。つまり他者の意図・感情・思考のフィルタが作り上げられ、それを通した他者像（たとえば、この人は一緒に飲みに行きましょうと言えば喜んでついてくるが、あの人には嫌な顔をされるだろうなど）が作り出される。[14] さらに、こうして出来上がった他者から自分の物理的、心理的状態を観察することもできるようになる。

心の発達によって集団作業が可能になった

ここ数十年、人の知性が社会的な基盤を持つという社会脳仮説が脚光を浴びる中で、相手の心の状態の把握について膨大な数の研究が進められてきた。こうした中で「心の理論」「マインド・リーディング」「メンタライジング」などさまざまな説明枠組みが提案された。

どれが正しいのか、妥当なのかを検討することは本書の目的ではないが、どの説明を行うにせよ、自己対象化によるナラティブ・セルフの出現、それを用いたシミュレーション結果の他者へのプロジェクションが根幹にあることだけは指摘しておく。

さて、このような心の仕組みは、信念の共有を可能にする。これは農業などの大規模集団による共同作業を必要とする活動には欠かせないものだ。その場ですぐに食べられるものをわざわざとっておき、土中に埋めて、育生のためにみんなで雑草を刈ったり、水の補給を考えたりするといった努力を集団で数ヶ月単位で行うのが農業だからだ。

自分が収穫時の素敵な場面を思い描くのと同様のことを、他者も目指していると思わなければ、こんな作業は行えない。なぜなら一緒に働いている人が、こっそりと土を掘り起こし、食べてしまうかもしれないからだ。

ただし、農業は人を豊かにしたわけではない。近年の世界的ベストセラー『サピエンス全史』(河出書房新社)の著者のユヴァル・ノア・ハラリは、「私たちが小麦を栽培化したのではなく、小麦が私たちを家畜化したのだ」と述べている。少なくとも灌漑技術の発展などでコストに見合うだけの収穫を得られるようになるまでは、農業と定住が当時の人々の福音であったかは疑わしい。

しかし、福音であろうとそうでなかろうと、そこには過去と未来の行き来を可能にし、自己と他者を成立させ、信念の共有を可能にした全身のプロジェクションとその共有が絡んでいなければ、農業社会は生まれなかっただろう。*15

死者、神、宗教の誕生

全身のプロジェクションによってヒトの心に現れ、共有されるのは、虚投射によって生み出される目の前の現実を超えた存在だ。つまり「不可視なものを見る(seeing invisible)」ということである。

そもそも前節で述べたように、プランニングは未来を、自伝的記憶は過去を、自己・他者の成立は他者の心の状態を生み出すが、いずれも不可視である。しかしプロジェクションによって、それらは各々の場面で実在したはずのもの、するであろうものとなり、現実に重ね合わされ、プロジェクティッド・リアリティを作り出す。

こうした不可視なはずのものの知覚の別の表れに、祖先崇拝、神、宗教がある。エドウィン・フラー・トリーは、初期の埋葬についての豊富な資料をもとに、この時代は、死者は家族、近親者集団の一員として、死後も家族たちを見守り、助け、支える存在であったとしている。

南西アジアのある地域では死者の埋葬数ヶ月後に、墓を掘り起こし、頭蓋骨を取り出し、家に飾ることが頻繁に行われていた。我々から見れば恐ろしいことだが、死者も自分たち同様にまだ存在していると考えているとすれば、それほど悪趣味なこととはいえない（逆に土に埋めたままにしておく方が残酷だともいえる）[*16]。

またもしどこかで生きているとすれば、死後の世界で活動しやすいように、さまざまな副葬品が供えられることに不思議はない。男性の場合は、棍棒などの武器、女性の場合は腕輪、冠飾りなどがよく遺骨と一緒に発掘される。

驚くべき例として、スンギールで発掘された三万年ほど前の遺骨と副葬品が挙げられる。三体の遺体は一万を超える象牙のビーズで作られた衣服を纏っていた。スンギールは、モスクワよりさらに北に位置する土地だ。三万年前といえば氷期に当たる。氷期のロシアという食料確保も困難な場所、時代に、象牙のビーズを一万個も加工して死者を弔っていたのだ。自分の生活を犠牲にしてでも、手間のかかる埋葬を行うのは、彼らが死者たちは実際にどこかで存在していると考えていたからだと考えざるを得ないだろう。

こうした形の祖先崇拝は現代の日本においても残っている。あの世で故人がご飯を食べるとは誰も考えていないと思うが、仏壇のある家では、毎食、あるいは一日一食はお供えと称して、ご飯と水を供えることもある。こうしたことを習慣的に続けると、止めることは失礼にあたると考えてしまう。お供えをしないなどすると、不作法、不遜なことを行ったと自責の念に駆られることもある。

実際には存在しない故人を生前同様存在していると考えること、あるいは別世界で生活を行っていると考えること、来世を信じること。これらは、不可視なものを知覚すること、つまり虚投射を行っていることになる。

『シンドラーのリスト』というアカデミー賞を受賞した映画で主演を務めたリーアム・ニーソンは、十四年前に亡くなった女優のナターシャ・リチャードソンと、いまだに毎日会話をしているとインタビューで述べている。この話を読んだ人は、ニーソンも七十歳近くになって現実がわからなくなってきたなどとは思わず、素敵な話だと思うのではないだろうか。故人が存在しているかのように振る舞うことは、私たちにとっておかしなことでもなんでもない。

来世で生きる故人の生活を自己の体験に基づいてシミュレーションし、死者という他者のためのプランニングを行い、死者に必要なものを副葬品として備える。こうした行動は、他者へのプロジェクションの表れなのだ。通常の全身のプロジェクションによる他者の心の理解との違いは、投射先であるターゲットが生きているか死んでいるかに過ぎない。

結局は、私たちの心の中のことでいえば、第1章で紹介した対戦相手が実在しないゲームでも対戦相手を想定すれば集中度が上がったという実験報告のように、相手が実際に隣にいるかどうかは直接的に関係しない。神が実在しようがしまいが、信仰を持った人の生活のありようと関係ないように、どちらでもよいことなのではないだろうか。

集団規模の拡大

ロビン・ダンバーは霊長類や絶滅した類人猿などの脳のサイズが、それらの各々が形成した集団のサイズにおおよそ比例していることを示し、集団の中の他個体との社会的関係の調節に必要だったからだという社会脳仮説を唱えている。そして新石器時代の標準的な社会集団の構成員の数は、百五十程度であるとしている。この集団は共同体（クラン）と呼ばれ、地縁、血縁上での関係によって作られているという。

ダンバーに従えば標準的には百五十人程度なのだろうが、新石器時代になるとさらに大きな集団が形成された。いくつかの遺跡はこの百五十人規模の集団ではとても作れないものもある。トルコ東部アナトリア地方で発掘が進んでいる約一万年前の遺跡（チャタルヒュユク、ギョベクリ・テペなど）は、数百人で作れる代物ではない。おそらく十を超えるクランが共同してこの製作に関わったのではないかといわれている。ダンバーの言葉を借りればトライブと呼ばれる同一の民族・言語的集団である。

こうした格段に大きな社会集団は、文化の伝承にとって決定的な役割を果たすことがジョセフ・ヘンリックによって指摘されている。彼によると、集団のサイズが減少することによる、ある種の退化の例はタスマニアの原住民たちに顕著に表れているという。

タスマニアは一万年くらい前（最終氷期）まではオーストラリア大陸と地続きであったが、温暖化に伴い、分離することになった。タスマニアの原住民の祖先は、オーストラリア北部を除く、広大な地域に拡散した、主流のアボリジニたちと同じである。

彼らは数百に及ぶ道具を作成し、高度な文化を有していた。しかし大陸から切り離され、なんらかの理由で人口が激減していく中で、タスマニアでは徐々に多くの道具が失われていった。五〇〇〇年以上前のタスマニアの遺跡からは、大陸と同様の多様な道具が発掘されるが、一八世紀までにはそのほとんどが失われ、火の使用すらなくなり、数十程度の道具しか持たない部族となってしまった。つまり一定数以上のメンバーがいなければ、文化遺産の蓄積、継承はできないということだ。

およそ一万年前からは西アジアで農業が始まり、その地域では定住生活が基本となっていた。農業は必然的に定住化と集団の大規模化を生み出す。[*17] これによって明確な分業と、それに基づく社会階層が生み出される。小麦の家畜となって暮らす大勢の人々の他にも、資産を守る軍隊、彼らが用いる武器を製作する人々、そしてそれらの人々全体をコントロールする支配者たちと階層が分かれたのである。

こうした階層は維持されなければならない。特に階層の上位の為政者たちは、その収入、財産に見合うだけの肉体的な労働は行わないので、何もしなければ、現在の自分の地位を追われるかもしれない。

しかも支配者たちは、自分自身は直接接触することもない大勢の人間を組織だった協働へと向かわせなければならない。ここで用いたのは前掲のハラリに従えば「想像上の秩序」ということになる。ここで用いられた想像上の秩序は、今は存在しない祖先であり、神であり、神話である。

神、神話は支配者にとってはきわめて有効な統制手段だっただろう。自分たちが神話を作り、その主役の末裔であるとなれば、第4章で述べたセレブリティ伝染どころではなく、セレブリティ遺伝によって、地位は保証される。あるいは神話の主人公たちと交信できる能力を持つのであれば（つまり預言者のことだが）、神の伝えとして自らに都合の良い命令をいくらでも出せる。

これらの神話は虚投射なので、信じない人がたくさん出てきてもおかしくない。しかし宗教、信仰はほぼ全人類に共通の社会現象である。どうしてなのだろうか。

宗教認知科学（cognitive science of religion）で活躍するジャスティン・バレットたちは、神を信じる心の起源をＨＡＤＤ（Hypersensitive Agency Detection Device、過度に敏感な主体性検知装置）に求めている。これは自然現象など、人の意図、意思が関与しないものがある主体（たとえば神）の意図によって引き起こされたと考える人の傾向性である。

こうした人間の傾向は、現代科学がまったく存在しない時代では歯止めなく働いただろう。地震、噴火は神の怒り、五穀豊穣は神のご褒美と考えるなどはつい最近まで別に珍しい話ではなかった。何の理由もなしに神は怒ったり、褒めたりするわけではないので、原因は自分たちの所業に由来すると考えることもあった。

つまり祭を怠ったから怒りを向けられ、善行を重ねたから賞賛され、ご褒美を授かるということである。これらは内在的正義（immanent justice）とか公正的世界観（just-world hypothesis）と呼ばれ、現代人の心の中にも根づいている。内在的正義や公正的世界観があるから奇天烈な主張の宗教が寄付と称する多額の搾取を行える。

人類の家畜化

集団の発展の過程で支配者ではない、大多数の一般人について考えてみる。彼らについて考える際に役立つのが家畜である。家畜というのは、人間、その社会にとって都合の良い生き物たちのことだ。ウシ、ウマ、イヌなどはその典型だろう。

これらの動物はどのように都合の良い存在になっていくのだろうか。それは人為淘汰による。つまり役に立ちそうな生き物に多くの資源を与え、それらの間で交配を繰り返す。交配によって、人の役に立つ形質を持つ個体が広まっていく。

家畜化については、今から七十年以上前に、当時のソ連の科学者、ドミトリー・ベリャーエフが始めた画期的な実験が参考になる。彼は毛皮として用いられるために集められた養殖場にいるキツネ数千頭の中から、人間に好意的な、人間を怖がらないオス三十頭、メス百頭を選び出した。

これらの個体同士を交配させ、従順性の高い方から順にオス五％、メス二〇％を選び出し、世代を重ねた。すると、第四世代では尾を振る個体が現れて、第六世代では、クンクンと鳴き、世話係を舐める個体すら現れるようになった。こうした個体をエリートとして扱い、交配を繰り返した結果、第十三世代では約半数がエリートに、その後数世代を経てすべての個体がエリートとなったという。

驚くべきことに、これに伴って毛の色にも変化が表れ、茶色くなったり、斑点（つまりブチ）が現れたり、長毛、垂れ耳、巻尾の個体すらも現れるようになった。骨格の変化もあり、足と尾の骨に加えて鼻面も短くなり、顔の幅が広がった。要するに仔イヌのような顔つきになってきたのだ。

さらには、繁殖回数が多くなり（通常は年一回）、年二回繁殖する個体も出てきたという。つまり一つの次元での選択を繰り返すことで、その次元以外のものに大きな変化が表れるのである[*18]。

家畜というのは、人間、その社会にとって都合の良い生き物たちのことであると述べた。しかし都合の良さを最も強く求められるのは、ウシ、ウマ、イヌ以上にヒト自身である。

実は人間にもキツネ同様のことが起きた可能性があることが、リチャード・ランガムによって指摘されている。人は集団の規模が大きくなるにつれ、血縁者、近親者以外のメンバーとも共同で活動する必要が出てくる。見知らぬ他者と共生できる生き物は人間を除けばほぼいない。ここで重要なのは、他者に対して好意的、支配者の命令に従順、という性質だろう。

加えて全身のプロジェクションは自己の中に他者の心を生み出すことだと述べた。ということは自分を監視する他者が存在することになる。こうした個体はその社会に適応し、生存に必

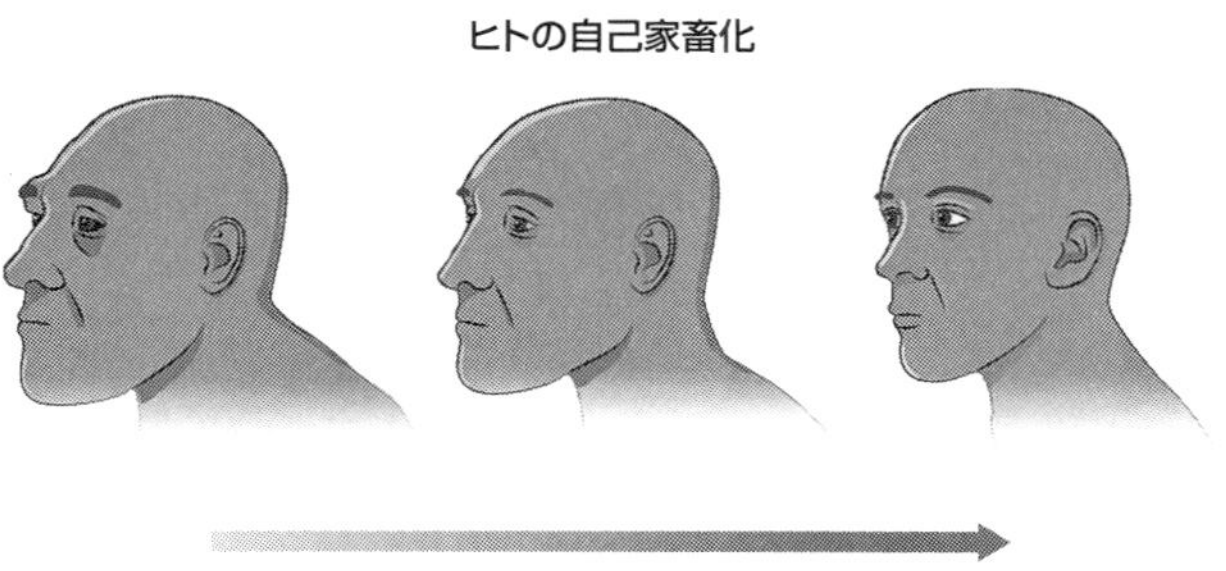

図5-4　人の顔の進化。テストステロンの減少、セロトニンの増加により、人の顔が変化する

（Hare, B.「Survival of the friendliest: Homo sapiens evolved via selection for prosociality」Annual Review of Psychology, 68, 155-186, 2017）

要なある程度の栄養を摂取でき、そしてパートナーを取得できる可能性が高まる。結果として、そうした資質を持った人間が社会のマジョリティになるというわけである。

　ランガムの薫陶《くんとう》を受けたブライアン・ヘアらはヒトにおいて従順さによる淘汰が行われたことの傍証として、身体的変化についても述べている。図5－4に示したように、人は顔の長さが短縮し、眼窩上《がんかじょう》隆起《りゅうき》（眉毛の上の骨の膨らみ）がどんどん小さくなっている。顔の長さは八万年前の人類（ホモ・サピエンス）と比べて約一〇％短縮し、眼窩上隆起は約四〇％も低くなっていることが報告されている。

　つまりベリャーエフのキツネと同じことが起きていたのだ。性格特性での選択が、キツネと同様に身体形状までをも変化させる。これらは男性ホルモン、テストステロンなどの攻撃性に関わるホルモンが減少する一方で、セロトニン、オキシトシンが増加したことが関連しているといわれている。

さてヘアらは、こうした中で「協力的コミュニケーション」というものが進化し、人間は生き物の中で最も友好的（friendliest）な存在であるという主張をしている。ただこれは東京の奥多摩などを見て、「東京はのどかな自然に溢れた土地だ」と感想を述べるようなもので、コインの片面だけを見ているに過ぎないのではないだろうか。

『一万年の進化大爆発』（日経BP）という本を著したグレゴリー・コクランとヘンリー・ハーペンディングは、進化した生き物の共通点として服従心を挙げている。つまり社会規範に服従し、節度を持って生活する個体が増加傾向にあったというのだ。しかし、これが進化全体のレベルで起きていること、つまり遺伝子レベルで決定づけられているものなのかどうかは疑問が残る。

それでも、社会規範への服従と節度を持った個体が繁殖しやすいというのは事実だと考えられる。社会規範に抵触するような行為を行いがちな個体は、生存にも、生殖にも不利な状況に置かれるからだ。

たとえば、現代でも社会のルールから逸脱すると、隔離される（刑務所に入れられる）。そのため、その期間は少なくとも生殖の機会が奪われる。かつては、村八分といって、その社会の構成員との交流の機会が得られなくなった。
規範に従うこと自体が、生きる目的に置き換わるのだ。まさに自己を家畜化するということだ。また友好的であるといっても、それは同じ集団に属する別の個体に対してであって、別の集団に属する個体には敵対的になることも多い。

プロジェクションにとって重要なのは、集団の大規模化に伴う「制度・規範フィルタ」の出現である。社会の階層化、支配階級の出現と神話、宗教によるその正当性の確保、彼らのための労働供出は、生存、生殖という生物学的フィルタ、自己や他者の心についての心理学的フィルタとは別の第三の社会・制度というフィルタを作り出す。

このフィルタから見えるものはおおよそ虚投射に基づくものであり、あえていえばプロジェクティッド・リアリティである。ハラリに従えば「想像上の秩序」、長谷川と山岸に従えば「幻想の共有」（長谷川眞理子、山岸俊男著『きずなと思いやりが日本をダメにする　最新進化学が解き明かす「心と社会」』集英社インターナショナル）となる。

プロジェクティッド・リアリティが本当にヒト固有なのかどうかはわからないが、ヒトの用いるフィルタの複雑さ、豊かさは他の動物とは比較にならない。またヒトはそもそも集団生活をする生き物なので、社会的なフィルタは現代社会以前にも存在していた。

ただ有史以前の人間社会は具体的、直接的な人間関係をベースにしたものであったが、ある時期に神、神話などの直接的に検知することができないものが人間の心に出現し、それに基づいた強固な人間社会が形成されるという意味でユニークな性格を帯びている。

プロジェクションの課題と弱点

最後に読者の方々の誤解を招かないようにいくつか補足をしておく。

まず何よりもプロジェクションが進化の原因であると主張するわけではないことを強調しておきたい。プロジェクションという心の働きは脳の進化、環境の変化と一緒になって働くものである。だからあるタイプのプロジェクションが可能になるということだけで進化が起こるわけではない。

その一方でプロジェクションは単なる結果、プロダクトというわけでもない。なぜならばプロジェクションの進化によって、選択する行動が異なり、それによって環境が変化するし、脳(の容量や結果的に回路)も変化する。この章の最初に述べた人類進化についてのさまざまな説が唱えるものの影響下で、プロジェクションは進化したのだろう。環境、脳、心が三つ巴で作用し合いながら進化は進む。それが本章前半で取り上げた三元ニッチ構築理論が教えることだ。

同じことは、ある心理機能の発現についてもいえる。ある心理機能が人類進化史の特定の時期に発現したと述べると、博識な人類学者たち、動物行動学の研究者たちから、「サピエンス以前にもそんな行動を示す証拠がある」「そんなことはもっと他の動物たちも行っている」などの批判をほぼ確実に受ける。

ある研究会でフェティシズムはヒトに固有と述べたところ、川合から動物も学習によってさまざまなフェティシズムを獲得することを多数の例を挙げて説明された。[*19]

しかしある行動Xを実現する手段は一つではない。感覚―運動協応によってそれが可能になることもあれば、身体部位のプロジェクション、全身のプロジェクションによって可能になることもある。だから高度な行動がヒト以外の種で観察されたからといって、それを支えるメカニズムがヒトと同じかどうかはわからない。

好例はブライテンベルク・ビークルという装置だろう。これは一つの車体の左右に二つの光センサー、モーター、車輪が各々接続されたものだ。ただし左のセンサーは右のモーター、右のセンサーは左のモーターというように交差する形で接続されている。そしてモーターの回転速度はセンサーの値によって変化し、光が強ければたくさん回転する。とても簡単な仕掛けである。

さてこの車体の左前方に光源があったとしよう。するとこの左のセンサーは右のセンサーよりも強く反応するので、左側のモーターは右に比べて回転が多くなる。するとこの車体は徐々に左に向きを変えていく。

光源がちょうど正面に来たときには、二つのセンサーの出力は同じになるので車輪も同じだけ回転し、真っ直ぐに光源へと向かうようになる。つまりこの単純な仕掛けの物体は「走光性」を持っているのだ[*20]。

ちなみにこれは本章の初めで紹介した感覚—運動協応ということになる。私たちは走光性を考えるときには、自分を内省し、視覚によって光源を感知し、そこに向かおうという意思を持って自分の脚に命令を下していると考えがちだ。このように考えてしまうと昆虫に走光性があることは不可能になってしまう。

しかしまったく別の方法によっても走光性は実現できることをブライテンベルク・ビークルは示している。赤ちょうちんセンサーと、焼き鳥の匂いセンサーを同様に配置すれば、それにつられて立ち寄ってしまうおじさんのモデルを作ったことになるかといえば、そうではないということだ。光源に向かうにせよ、赤ちょうちんに向かうにせよ、そうした行動を生み出す方法は複数あるのだ。

さらにこうした行動原理と関連した話として考古学者のコリン・レンフルーがサピエント・パラドックスと名づけたパラドックスがある。脳の大きさ、構造に関していえば、私たち現代に生きる人間と数十万年前の我らの祖先とはほとんど変わりがない。にもかかわらず四万年前あたりから急速に文化的と呼ばれるような活動（洞窟壁画、アクセサリーなど）が増加し、およそ一万年前の新石器時代になると、いわゆる文明というものが世界各地でほぼ同時に生み出される。

なぜもっと前から文明が発達しなかったのかというのが、コリンが提唱するパラドックスである。このパラドックスはまさに三元ニッチ構築が解決してくれる。つまり生き物の活動というのは脳の中だけで完結するわけではないということだ。社会集団の規模の拡大、道具使用による環境の変化などと相俟《あいま》って認知、行動の進化が生み出されるのだ。そして、ある段階を過ぎるとまったく別の状態になってしまう。入來はこれを、人類進化で生じた相転移《そうてんい》と呼んでいる。

このことは、エンジン性能だけ向上させても、車全体のパフォーマンスが向上するとは限らないのと同じことだ。車の他のパーツ、そして車が走る道路の状況、それらがエンジン性能を発揮できるようなものにならなければ、エンジンの改良は無意味である。

もう一つ述べておかねばならないことは言語である。言語が人類の進化に果たした重大な役割については論を俟たない。それでも本書で取り上げなかった理由は、単に私個人の勉強不足、考察する力の不十分さによるものである。

ただ長年の友人である今井むつみの提案する「命名の洞察（naming insight）」という考え

方は、プロジェクションと深い関わりがあるはずなので紹介する。命名の洞察とはモノには名前があること、発せられた音はその音自体ではなくそのモノが表象している何か他のことと関係しているという気づきである。[*21]

今井はこの気づきこそが言語の獲得を支えていると主張する。これをポランニー的に捉え、知覚した音が近接項、音が表すものを遠隔項と考えれば、命名の洞察はプロジェクションと見なすことができる。また言語の獲得には対称性推論が必要であるとされているが、それは自己対象化でも使われるものである。プロジェクションの共有に言語が決定的な役割を果たしたことも確実だろう。そうした意味で言語とプロジェクションの関係を進化の中で検討することは、人類史研究の中で重要な意味を持つと思われる。ただこれについては現時点では今後の課題とさせていただきたい。

＊1—川合が補足を加えたり編集上の調整をしたりする前のこの章のオリジナルの原稿は『認知科学』誌で読むことができる。https://www.jstage.jst.go.jp/article/jcss/30/4/30_2023.060/_pdf/-char/ja

＊2—これを補正するために、生物の体重も考慮した脳化指数というものが用いられる。これで比較をするとヒトが最も脳化指数の高い生物であることがわかる。これについて詳しくは川合伸幸『心の輪郭—比較認知科学から見た知性の進化』北大路書房、二〇〇六を参照されたい。

＊3―入來篤史・山﨑由美子「脳―環境―認知の円環に潜む人類進化の志向的駆動力―三元ニッチ構築の相転移」(川合伸幸編『心と脳　認知科学講座2』東京大学出版会、二〇二二収)

＊4―こちらも詳しくは川合伸幸『心の輪郭―比較認知科学から見た知性の進化』を参照されたい。

＊5―入來らは世界内身体地図と呼んでいるが、個人的には自分の周りに世界の全体が現れるということではないかと思う。だから身体周辺世界地図(world-around-the-body map)とした方がよいのではないか。

＊6―感覚―運動協応も基本的にはこれらに対するものであると思われるので、その意味でも区別は難しい。

＊7―正確には頭頂間溝(IPS, intra-parietal sulcus)と呼ばれる場所にあるバイモーダルニューロンである。このニューロンは手に加えられた触覚刺激に対しても、また手やその近傍への視覚刺激(ポインタで光を当てるなど)に対しても同様に反応する。こうした二つの刺激に対して反応することからバイ(二重の)モーダル(感覚)ニューロンと呼ばれる。詳しくは、入來篤史『道具を使うサル』医学書院、二〇〇四をご覧になられたい。

＊8―これは必要条件であることに注意されたい。だから座ったり、立ったりした途端に自己認識ができると主張しているわけではない。

＊9―外山紀子は、乳児の研究を通して二足歩行が運動だけでなく、注意などの認知機能、コミュニケーションなどの社会的な機能と深く結びついていることを明らかにしている。

＊10―これについては日本認知科学会の学術誌である『認知科学』の第15巻3号に特集が組まれ、多くの論文が掲載されている。

＊11―ただし脳の変化は必ずしも容積変化とは限らないことに注意されたい。三元ニッチ構築理論に従えば、おそらく各部位の結合の仕方や、他の場面で用いた回路の再利用、リサイクリングが関与したと考えられる。

＊12―実際にはここに期待、推測、願望、規範などが混じり合うのが自己(ナラティブ・セルフ)である。

＊13―ただし(すぐ後で述べるが)ここでの他者はプロジェクションによって作り出された他者である。

＊14―こうしたことを支える脳内機構もある程度まで明らかになっている。嶋田総太郎は、上記のシミュレーションは内側前頭前野と後部帯状回からなるデフォルトモードネットワークと二つのサブネットワーク（記憶とメンタライジング）が関与していることを指摘している（嶋田総太郎編『心と身体　認知科学講座第1巻』東京大学出版会、二〇二二）。

＊15―プロジェクションの共有については、久保（川合）南海子『「推し」の科学：プロジェクション・サイエンスとは何か』集英社、二〇二二に詳しい。この中で久保は芸能、科学、二次創作などきわめて広汎な事例をもとにプロジェクションの共有について論じている。

＊16―E・フラー・トリー著、寺町朋子訳『神は、脳がつくった』ダイヤモンド社、二〇一八（Torrey, E. F. Evolving brains, emerging gods. Columbia University Press, 2017）

＊17―ただし農業が大規模化の必須条件とはいえない。小麦の栽培が行われていなかった一万年前あたりのトルコ南東部では、非常に大規模な神殿などが多数作られており、周辺に大規模な集落があった可能性が高い（もっとも宇宙人が作ったという説もある）。また時代は大きく異なるがいわゆる農業は行っていなかった三内丸山などでも縄文時代に五〇〇人規模の人間が暮らしていたといわれている。

＊18―リチャード・C・フランシス、西尾香苗訳『家畜化という進化：人間はいかに動物を変えたか』白揚社、二〇一九

＊19―たとえばオスネズミの性的初体験の相手などがネズミ用の上着を着たメスであった場合、それ以降も上着を着たメスとの交尾を好むようになる、というもの。

＊20―ヴァレンティノ・ブライテンベルク、加地大介訳『模型は心を持ちうるか：人工知能・認知科学・脳生理学の焦点』哲学書房、一九八七

＊21―そんなことは当たり前だろうと思うかもしれないが、当たり前ではないのだ。今井はこれをヘレン・ケラーの有名な逸話を基に詳細に論じている（今井むつみ『ことばの発達の謎を解く』ちくまプリマー新書、二〇一三）

補遺（川合）

最後に、川合がプロジェクションの課題やその貢献について補足する。

他の理論との違い

第4章で少し触れたが、プロジェクションの説明をすると、予測符号化や自由エネルギー原理の理論と同じではないかといわれることがある。確かに、脳内で生成した外界の表象を、刻一刻と変化する外界の状態とすり合わせて差分を更新していくという考えはプロジェクションの考えと共通している。

しかし、プロジェクションは、それらの理論のように緻密な計算式や、脳の機能との対応関係まで実証的に調べるものではない。

むしろ、プロジェクションはそうした厳密な「理論」というよりも「心の理論」のような、「考え方」に分類されるのではないかと、私は考えている。

第1章の冒頭で説明したが、心の理論とは、他者の心の状態、目的、意図、知識、信念、思考、疑念、期待などを推測する直観による心の機能のことをいう。「心の『理論』」とは名づけてあるが、これは、私たちが他人の心を理解する理論のような心の働きを持っているという意味で「理論」という言葉が使われており、こちらも「考え方」と捉えた方がよい。

この能力があるために、私たちは他人にも心があると見なし（他人の心の帰属）、他人も心の働きを理解し（心的状態の理解）、それに基づいてさらにその人の行動を予測することができる。

しかし「心の理論」の存在をいまだに否定する説もある。「心の理論」の存在を確かめるための課題によって、賦《ふ》活《かつ》する脳領域もいくつか知られているが、それでもまだ「心の理論」を構成するいくつかの下位システム（たとえば視線の検出）に対応する特定の神経ネットワークや数式が調べられている段階だ。「心の理論」そのもののネットワークや計算式が判明したとする研究はまだない。

では、「心の理論」は詳細な神経ネットワークや計算式に基づかない言いっ放しの考えかといえば、そうではない。心理学、認知科学のみならず、神経科学、発達科学、ロボティクス、哲学などきわめて多岐にわたる領域で研究されている。冒頭の太郎君の例で説明した「心の理論」が発表された最初の論文は、二〇二三年一二月の時点で、引用回数が一三一〇九回もある。これはノーベル賞の授賞対象となった論文の引用回数に比肩する数だ。

心についての研究は、「心の理論」という考え方が提唱される前と後で分けることができるといってもよい。それほどのインパクトがあった。

提唱者であるプレマックが、「心の理論」の存在を証明する数式や脳の働きを解明しようとしなかったとしても、それで「心の理論」の考えを提唱したことの価値が損なわれるわけではない。

「平等」や「自由」という概念も、フランス革命以前にはなかったはずだ。しかし、今では、自由という概念なしに生活したり社会を営むことはできない。

私は、「プロジェクション」の提唱前と後でも、心についての研究が大きく異なるのではないかと考えている。

プロジェクションの未達

しかし、プロジェクションはこれで十分な研究分野になったかといえば、そうではない。定年退職する前に亡くなった鈴木さんがやり残したことがいくつかある。

まず、心理学や認知科学ではすでにprojectionという用語が使われているが、それらとの同異をはっきりさせなかったことが挙げられる。

心理学や精神医学では、自分の態度や欲求などが抑圧されている場合に、それを自分以外の人やモノに託して表すことを「投影」(projection)という。したがって、心の働きとしてのprojectionというと「投影」を思い起こす人が多い。

おそらく、鈴木さんはそれを嫌って投影ではなく、「投射」と表現したのだと考えられるが、臨床心理学の人たちに誤解されないため、投影と投射はまったく別物だということを言及しておいた方がよかったと思う。

鈴木さんは、セルフ・プロジェクションという用語を本書で使っている。この言葉の初出で、鈴木さんは海外でもその言葉が同じような意味で使われていることを脚注で言及している。ただ、そちらの方は、エピソード記憶、将来の予測、他者から見た自身、ナビゲーションなどを含むとされており、鈴木さんのいうセルフ・プロジェクションと少し違うように思う。

鈴木さんが考えるセルフ・プロジェクションはすでに使用されているself-projectionとどう違うか、あるいはまったく同じものなのか説明してほしかった。

もう一つ、それほど知られていないが、経験プロジェクション(experience-projection)という、別の分野ですでに研究が積み重ねられてきた考えがある。わかりやすい例として、ここでは網戸とチンパンジーの実験を紹介する。

目の詰まった黒い網戸のような衝立を準備する。この衝立は一見すると不透明で、その奥にあるモノが見られないが、実は近づいて見ると奥にあるモノが透けて見える。この衝立を実験者と向かい合ったチンパンジーの間に置く。さらにその衝立のチンパンジー側に餌を設置する。するとチンパンジーは、正面にいる実験者から、こちらが見えていることがわからないと考えてか衝立がないときに比べて餌を多くくすねた。

しかし、その衝立が網戸のように透けて見えることをあらかじめ経験していたチンパンジーは、行動に変化が生まれる。透けて見えることを経験しなかったチンパンジーに比べて、目の前の餌を盗む頻度がずっと少なかったのである。

これは、ここにいると捕食者から見つけられやすいというのと同じように「この衝立は実験者から透けて見える」という経験と知識をチンパンジーが獲得し、それを状況に当てはめただけなのか（経験プロジェクション）、「この衝立は透けて見えるから、衝立の向こうにいる実験者は自分の行動が見えているだろう」と実験者の心の状態まで推測した上での行動なのかは、今なお議論が分かれており、類人猿、トリ、人間の子どもでさまざまな実験が行われている。

他者の心の状態を理解した上で振る舞っているように見える行動は、実は自身の経験を他者に当てはめている（経験プロジェクションしている）だけだという場合もある。チンパンジーが本当に他者の心を理解して、自身の心の中で表象として作り上げ、シミュレーションしているのか。この問題に答えを出すのは難しいが、重要な問題である。

経験プロジェクションは、現在、比較認知科学や発達科学で研究されている。知覚過程に重点を置く予測符号化理論や自由エネルギー原理では経験プロジェクションと心の理論の違いを説明できないと、私は考えている。

経験プロジェクションは、当然本書で述べたプロジェクションと密接に関わっている。鈴木さんが提唱したプロジェクションと、すでに実証的な研究が進められている経験プロジェクションの差異をはっきりさせることで、実験を計画・実施し、他者の心を理解するということはどういうことであるのか、という重要な問題に挑むことができるはずだ。それはおそらく、他の計算モデル理論ではできないことなので、鈴木さんの提唱するプロジェクションの大きな利点になると考えている。

いつか、これらについて鈴木さんとしっかり議論しなければと考えていたが、こちらの準備が追いついていなかったこともあり、機会がなかった。おそらく鈴木さんと議論すれば、先行研究があるセルフ・プロジェクションも経験プロジェクションも、鈴木さんが提唱したプロジェクションと同じ原理だ、と答えたと思う。だが、どこがどう同じで、違いがあるならどう違うのか明らかにしなければならなかった。

本書における加筆と修正

本書は、鈴木さんが最後に書いた原稿から構成や一部の内容が異なっている。鈴木さん自身が最終原稿だと考えていなかったこともあり、鈴木さんのもとで最後に学位を取得された横山拓さんと、本書を担当されていた幻冬舎の武田勇美さんと相談し、まず章の構成を変えた。

その上で、第1章、第2章、第4章を大幅に加筆した。

第5章は、人類学者になりたいと言っていた鈴木さんが、最も思い入れを持って書いた章だと思う。加筆・修正をしているが、最小限にとどめた。人類学者になりたいといっても、人骨のカケラにも地層にも関心を持たなかったはずだ。鈴木さんが関心を持っていたのは、心の進化の過程だと思う。第5章は鈴木さんが考えた、ヒトの心の進化が描かれている。

また本書全体に話を戻すと、オリジナルの原稿では、身体の一部をプロジェクションすることを一次のプロジェクション、身体全体をプロジェクションすることを二次のプロジェクションという語で表現していたが、なぜこの二つのプロジェクションに限って「一次」「二次」という順序をつけてセットで表現するのか、明確な理由が書かれていないという指摘を受けて川合が表現を変えた。

私は鈴木さんとプロジェクションとは何かについて議論してきた。私の考えは、鈴木さんの考えと少し違うところがあるかもしれない。しかし、鈴木さんの考えを世に出すために、ある程度の修正が必要で、それが私に託されたのなら、鈴木さんのオリジナルの表現や考えを多少変えたとしても、笑って認めてくれると思う。

鈴木さんの考えと自分の考えを摺り合わす作業をする中で、オリジナルの原稿では「二次のプロジェクション」とした「全身のプロジェクション」について、私は聞いてみたいことがあった。恐らく「一次」「二次」という言葉は、人間の進化の過程とプロジェクション能力の獲得をリンクさせるために、このような言葉を使用したのではないかという仮説は立つ。

しかし、ここでの二次のプロジェクションを、先行のランディ・バックナーとダニエル・キャロルが提唱した「セルフ・プロジェクション」と同一のものだと考えていたのか。また、プロジェクションは進化と関わっているという第5章について、今でも他の動物に全身のプロジェクションの能力はないと考えているのか。これらについて彼と議論したかった。

残された課題

最後に、鈴木さんのプロジェクションの考えが、英文で発表されていないことが、きわめて心残りである。

鈴木さん、嶋田総太郎さんと一緒に、何度かプロジェクションの概念を英文の論文にすることを試みた。途中まで書いたのだが、こちらも他事で忙しくしており、（鈴木さんがそれほど乗り気でなかったこともあり）いまだに完成していない。

第5章に出てきた、入來篤史さんはプロジェクションに心酔している一人で、鈴木さんの葬儀の後に、必ず英文の論文、そしてその後は書籍として発表しましょうと言っておられた。

微力ながら、私も尽力することを誓ったので、必ず鈴木さんの考えたプロジェクションが世界中で通じるようにしたいと考えている。

おわりに——川合伸幸

私が、鈴木宏昭さんと最初に会ったのは、二〇〇二年一二月一日のことであった。日本認知科学会の「学習と対話」分科会で、東京大学の開《ひらき》一夫さんに招かれて講演した後の懇親会で、一般的には「とりあえずビール」となるところを、最初から日本酒を頼んで、ものすごくたくさん飲んでいたのが鈴木さんだった。格好良い人だと思って、私もそれから真似をするようになっては、たまに飲みすぎて、鈴木さんらに迷惑を掛けたこともある。

一度、プロジェクション・サイエンスの研究会後に渋谷で飲んで、タクシーで品川のホテルに着いたら、鞄は持っているが、財布が入ったポーチを店に置いてきてしまった、ということがあった。真夜中にホテルの前で途方にくれていたら、あらかじめ宿泊先を伝えていたこともあり、鈴木さんと岡田浩之さんが、タクシーで追いかけてきてポーチを届けてくれた。あのときの二人は、本当に後光が差して見えた。

二〇〇九年の九月に慶應義塾大学の藤沢キャンパスで日本認知科学会の大会が開かれたときは、まだそれほど鈴木さんと親しくなかった。しかし、懇親会会場に行くバスで隣に座り、私のチンパンジーの研究のことを詳しく聞いてくれたり（彼の『教養としての認知科学』〈東京大学出版会〉で詳細に引用してくれた）、自身の留学体験のことを語ってくれたりした。その頃から、日本認知科学会の常任運営委員会の後に、一緒にお酒を飲んで研究の話をする機会が増えた（というか、以降は毎回そうしていた）。

私と妻が学会に子どもたちを連れていくこともあり、その頃から子どもたちも一緒に鈴木さんと食事をするようになった。鈴木さんは子どもだからといって、適当なあしらいをする人ではなかったので、子どもにもプロジェクションの話もしていた。保育園の頃から話を聞いていた子どもは、すっかりプロジェクションのことを理解し、小学生になった今では「それはプロジェクションしているんだよね」と言うようになった。

鈴木さんのプロジェクションについての考え方が、少しずつ変わっていったこともあって、ときおり学会ではわかりにくいといわれることがある。それでも、子どもが理解し、納得する考えである。

シンポジウムを開催したり、『認知科学』誌で特集を刊行したりもした。こうした発表を書籍としてまとめ出版した（『プロジェクション・サイエンス　心と身体を世界につなぐ第三世代の認知科学』鈴木宏昭編著）こともあって、プロジェクションの概念は国内では、それなりに浸透してきたようだ。

ウェブで「プロジェクション」と検索すると、かつてはプロジェクション・マッピングしか表示されなかったが、多くはないものの今ではプロジェクション・サイエンスも表示されるようになった。しかし、海外ではまったく知られていない。

補遺に書いたように、海外で知られるようになるのはこれからのことである。私もいつまで現役の研究者でいられるかわからないが、鈴木さんの考えを、しっかりと届けたい。そして、日本でこのようなことを構想していた人がいたことを知ってもらいたい。

晩年の鈴木さんは、ものすごい勢いで単著の本を書き、若手にも本を書かせていたが、この本のことをとても大事にしていた。第一稿ができるとまず送ってこられ、感想を求められた。全般的な感想を述べると、次に第4章について意見を聞かせてくれと言われた。これまでに鈴木さんが書いた他の本と同じように、詳細なコメントをつけて返した。

今度は第5章もさらに詳細に見るようにと連絡があり、コロナ禍の自粛ムードも緩和されてきた頃だったので、びっしりコメントを書いた印刷原稿を持参して中目黒の居酒屋で話をした。とても、面白いと褒めたら、川合の感想を聞くまで、ものすごく緊張したと言って、こちらが驚くほど喜んでいた。下手な字でコメントのついた原稿を大事に鞄に仕舞って、その日は鈴木さんがごちそうしてくれた。

そんなことは滅多にないので、本当に嬉しかったのだと思う（このときのことを喜んでいたと葬儀のときに外山紀子さんから聞いた。人にいうほど嬉しかったのかと思うと、胸が熱くなる）。プロジェクションの本を出して、世に問うという彼の決意を垣間見たような気がする。

二〇二二年一二月七日は、鈴木さんと最後にプロジェクションについて議論した日となった。

プロジェクションという考えを持つことで、世界やモノや他人や自身さえも理解しやすくなる。この本で、少しでもプロジェクションを知ってもらうことが、私の望みであり、鈴木さんも同じ思いだったと確信している。

プロジェクションの考えが浸透し、私の子どものように、何気ない日常の心の働きを、「それはプロジェクションだね」と言う日が来ることを期待している。

鈴木宏昭さんを悼む日本認知科学会の機関誌『認知科学』追悼特集号が二〇二三年一二月に発行され、誰でもインターネットで読むことができる。鈴木さんがいかに多くの人に影響を与え、慕われていたかわかるのでぜひ一読いただきたい。

https://www.jstage.jst.go.jp/browse/jcss/30/4/_contents/-char/ja

https://www.jstage.jst.go.jp/article/jcss/30/4/30_2023.061/_pdf/-char/ja

二〇二三年一二月二〇日　川合伸幸

著者略歴

鈴木宏昭《すずきひろあき》

一九五八年、宮城県生まれ。八一年中央大学文学部哲学科卒業、八八年東京大学大学院教育学研究科を単位取得退学。東京工業大学大学院総合理工学研究科助手、エディンバラ大学客員研究員などを経て、二〇〇九年に青山学院大学教育人間科学部教授となる。一三年から一五年まで日本認知科学会会長を務めるなど、日本の認知科学を牽引。主な著書に『認知バイアス　心に潜むふしぎな働き』（講談社ブルーバックス）、『私たちはどう学んでいるのか　創発から見る認知の変化』（ちくまプリマー新書）など。二三年三月八日逝去。

川合伸幸《かわいのぶゆき》

一九六六年、京都府生まれ。九〇年関西学院大学文学部心理学科卒業、九五年関西学院大学大学院文学研究科を満期退学。日本学術振興会特別研究員、名古屋大学大学院人間情報学研究科助手などを経て、現在同大学情報学研究科教授。二〇〇五年第一回文部科学大臣表彰・若手科学者賞、一三年同科学技術賞、一〇年日本学士院・学術奨励賞などを受賞。一三年から日本認知科学会会長。主な著書に『ヒトの本性　なぜ殺し、なぜ助け合うのか』（講談社現代新書）、『凶暴老人　認知科学が解明する「老い」の正体』（小学館新書）など。

幻冬舎新書 722

心と現実
私と世界をつなぐプロジェクションの認知科学

二〇二四年三月二十五日 第一刷発行

著者 鈴木宏昭＋川合伸幸
発行人 見城徹
編集人 小木田順子
編集者 武田勇美
発行所 株式会社 幻冬舎
〒一五一－〇〇五一 東京都渋谷区千駄ヶ谷四－九－七
電話 〇三－五四一一－六二一一（編集）
〇三－五四一一－六二二二（営業）
公式HP https://www.gentosha.co.jp/
ブックデザイン 鈴木成一デザイン室
印刷・製本所 中央精版印刷株式会社

Printed in Japan ISBN978-4-344-98724-1 C0295
す-10-1

＊この本に関するご意見・ご感想は、左記アンケートフォームからお寄せください。
https://www.gentosha.co.jp/e/

幻冬舎新書

大栗博司
探究する精神
職業としての基礎科学

価値ある発見は、自分が面白いと思うことを考え抜く「探究心」から生まれる――世界で活躍する物理学者が基礎科学の研究者としての半生を振り返る。学問を志す人、生涯学び続けたいすべての人に贈る一冊。

佐々木閑　大栗博司
真理の探究
仏教と宇宙物理学の対話

仏教と宇宙物理学。アプローチこそ違うが、真理を求めて両者が到達したのは、「人生に生きる意味はない」という結論だった！　当代一流の仏教学者と物理学者が縦横無尽に語り尽くす、この世界の真実。

小山薫堂
考えないヒント
アイデアはこうして生まれる

「考えている」かぎり、何も、ひらめかない――スランプ知らず、ストレス知らずで「アイデア」を仕事にしてきたクリエイターが、20年のキャリアをとおして確信した逆転の発想法を大公開。

国立国語研究所編
日本語の大疑問2

漢字から平仮名を生み出したのはいったい誰？「人々」の「々」は何て名前？　「老若男女」はなぜ言いにくい？　思わず答えに詰まる難問にことばの専門家集団が総力を挙げて挑む、人気シリーズ第2弾。

幻冬舎新書

東大教授が考えるあたらしい教養

藤垣裕子　柳川範之

東大教授2人が提唱する教養とは「正解のない問いに対し、意見の異なる他者との議論を通して思考を柔軟にし、〈自分がよりよいと考える答え〉にたどり着くこと」。その意味するところを解説。

歴史と人生

半藤一利

失意のときにどう身を処すか、憂きこと多き日々をどう楽しむか。答えはすべて、歴史に書きこまれている。敬愛してやまない海舟さん、漱石さん、荷風さん、安吾さんの生き方ほか、歴史探偵流・人間学のエッセンス。

死ぬほど読書

丹羽宇一郎

「どんなに忙しくても、本を読まない日はない」――伊藤忠商事前会長で、元中国大使が明かす究極の読書論。「いい本を見抜く方法」「頭に残る読書ノート活用術」等々、本の楽しさが二倍にも三倍にもなる方法を指南。

数学的コミュニケーション入門

「なるほど」と言わせる数字・論理・話し方

深沢真太郎

仕事の成果を上げたいなら数学的に話しなさい！　定量化、グラフ作成、プレゼンのシナリオづくりなど、「数字」と「論理」を戦略的に使った「数学的コミュニケーション」のノウハウをわかりやすく解説。